中华经典悦读丛书

王月清 暴庆刚 吴颖文 主编

天理昭彰：
悦读《四书集注》

李翚 著

江苏人民出版社

图书在版编目(CIP)数据

天理昭彰：悦读《四书集注》/ 王月清等主编；李犟著. -- 南京：江苏人民出版社，2016.12

ISBN 978-7-214-20040-2

Ⅰ. ①天… Ⅱ. ①王… ②李… Ⅲ. ①儒家 ②四书－通俗读物 Ⅳ. ①B222.1-49

中国版本图书馆 CIP 数据核字(2017)第 001617 号

书　　　名	天理昭彰：悦读《四书集注》
著　　　者	李　犟
责任编辑	汪意云
责任校对	曾　偲
装帧设计	徐立权
责任监制	王列丹
出版发行	江苏人民出版社
出版社地址	南京市湖南路 1 号 A 楼，邮编：210009
出版社网址	http://www.jspph.com
照　　　排	江苏凤凰制版有限公司
印　　　刷	南通印刷总厂有限公司
开　　　本	652 毫米×960 毫米　1/16
印　　　张	11.25
字　　　数	140 千字
版　　　次	2018 年 7 月第 1 版　2018 年 7 月第 1 次印刷
书　　　号	978-7-214-20040-2
定　　　价	33.00 元

（江苏人民出版社图书凡印装错误可向承印厂调换）

"中华经典悦读丛书"序

这是一套献给社会公众、海外读者,也是献给青少年朋友的关于中国古代哲学经典的丛书。

博大久远的中国,多元一体的中华民族共同体,在过往的5000余年历史长河中,创造了缤纷灿烂的中华文明;饱经沧桑的中国,遍受误解的中华文明,在20世纪和21世纪之交,创造了影响世界的中国速度、中国奇迹。与此同时,中国的经验、中国的道路、中国的制度,也备受关注。

一个国家、一个民族,所有前行力量的来源,离不开对自身文明传统的再发现和再认识。支撑中国道路选择的、影响中国人的精神世界的,决定中国人的思维方式、价值观念、审美情怀、平凡生活的,是中国古典知识系统中的思想和理念,而承载和表达中国古代思想理念的,是我们必须尊敬和了解的中国古代哲学经典。

所谓经典,是先哲创造的,给出一个国家、一个民族生存和生活方向的思想智慧、时代精神的精华,它系统演绎一个国家、一个民族的生存样态、制度安排、价值选择、日常规范、生活程序、情感气质、文化创造。对于当下的人群而言,则呈现为"当代记述较多而常要翻阅"(章太炎语)的一些古代思想和文化著作。

所谓经典,它承载着先哲清澈的智慧、广博的经验,并经历了历史的洗炼和时间的考验,对当下和未来有广泛的阐释理解和指导意义,同时也为人类文明多样性和人类思想文化遗产提供典范。

中国哲学经典,是影响中华文明进程的各种思想形态的结晶,是人类文明天空中不灭的星辰,是中华文明弦歌不辍的主旋,也是中国先贤圣哲在颠沛造次、兴灭继绝的历史进程中的时代担当和心灵自传。

有鉴于此,我们将2014年出版的《中国古代哲学经典》进行了扩充,仍然以中国古代哲学经典为基点,以中国古代哲学思想历程为纵向线索,以中国古代哲学经典的作者行谊、主要关切、主体内容、历史贡献、文化影响、当代价值等为横向线索,将《中国古代哲学经典》中对中国文化和历史产生深远影响的每部经典的概括性介绍扩展为更为详细具体和充分的著作,以便读者能够进行更为全面和深入的了解。

需要说明的的是,我们选取的这些著作远不是中国古代哲学经典的全部,也不一定达到中国古代哲学经典的代表性,只是猜想这些作品能够以点带面,以作品和作者为中心,折射中国古代哲学和中国文化精神的整体风貌。尤其是《颜氏家训》,虽不一定达到"哲学经典"的严格要求,但我们还是从中国家庭观念、血缘亲情这个角度，介绍这部影响中国家庭生活哲学的作品。

在全球化的时代，当我们被物质主义、消费主义、感官文化、同质化平面化的生活裹挟时，东方中国先哲对于世道人心的关切，对于人间温情的呼唤，对于平治天下的预设，对于民胞物与的愿景，或许是解救现代社会和人生种种问题和焦虑的精神资粮和"支援意识"。同时，现今又是各种信息大量充斥、知识碎片化、阅读碎片化的时代，快节奏高效率已成为生活的常态，人们疲惫的心灵渴望得到先贤智慧的浸润而又力不从心，甚至浮躁的心灵瞥见那些充满智慧但却生涩的文字即会望而生畏。繁忙的生活、紧张的节奏、沉重的压力、快餐式的知识浏览，已经使人们的心灵与经典的距离渐行渐远。

以此之故，我们结合现代人的实际，试图倡导一种经典的"悦读"方式。所谓"悦读"，旨在通过轻松的阅读使读者在不知不觉中亲近经典，在润物无声的快乐享受中了解经典的内容，进而领会和体验经典的博大智慧。所以呈现在读者面前的这套丛书，力求避免过于学术化的艰涩表述，尽量通过通俗易懂浅显活泼的语言和表述方式轻松传达经典的思想和精神，真正做到读中有"悦"，因"悦"而读。

古老的中华文化在历尽沧桑之后又迎来复兴的春天，在价值与文化多元并存的今天，古老的中华文化也再次为世界所瞩目，当我们希冀中华文明继续贡献于人类社会，并寻求与全球文化平等对话和交流交融时,中国《周易》"变"的思维、《论语》的"仁者爱人"、《老子》的"道法自然"、《孙子兵法》的"知己知彼"、《墨子》的"兼相爱交相利"如此等等,足可以让我们抖擞文化自觉和自信,足可以让我们成为人类文明的传灯者,足可以让中国哲学经典的烛光回向这个繁华与迷乱的世界。

王月清　暴庆刚

目录 CONTENTS

- 引 子 ………………………………………………………… 1
- 一 朱熹其人 …………………………………………………… 1
  - （一）少年远志 ………………………………………… 4
  - （二）出入佛老 ………………………………………… 7
  - （三）专意儒学 ………………………………………… 10
  - （四）政事可观 ………………………………………… 14
  - （五）庆元党禁 ………………………………………… 18
- 二 《四书集注》其书 ………………………………………… 23
  - （一）"四书"的演变 …………………………………… 25
  - （二）中国学术传统的经典与诠释 …………………… 28

(三)《四书集注》的编著过程 …………………………… 32

● 三 《四书集注》的诠释要点 …………………………… 38
(一)《大学章句》的诠释要点 …………………………… 40
(二)《中庸章句》的诠释要点 …………………………… 53
(三)《论语集注》与《孟子集注》的诠释要点 ………… 74

● 四 《四书集注》的理学思想 …………………………… 108
(一) 理一分殊 …………………………………………… 108
(二) 心统性情 …………………………………………… 114
(三) 格物穷理 …………………………………………… 121

● 五 《四书集注》与中国文化 …………………………… 127
(一)《四书集注》与儒家思想 …………………………… 127
(二)《四书集注》与中国哲学 …………………………… 131
(三)《四书集注》与中国教育 …………………………… 133
(四)《四书集注》与中国史学 …………………………… 138
(五)《四书集注》与中国伦理风俗 ……………………… 139
(六)《四书集注》的海外传播与影响 …………………… 141

● 六 《四书集注》精华语段选读 ………………………… 145
(一) 论理气 ……………………………………………… 145
(二) 论心性 ……………………………………………… 147
(三) 论仁 ………………………………………………… 153
(四) 论君子 ……………………………………………… 156
(五) 论修养 ……………………………………………… 158
(六) 论治国 ……………………………………………… 163

● 七 延伸阅读书目 ………………………………………… 166

引 子

有人说,它对中国传统优秀文化的发展起到承前启后和无可替代的作用,不仅主导中国思想文化600多年,还影响到朝鲜、日本、越南等国,形成所谓"东亚儒文化圈"。

有人说,它的思想严重压制、扼杀个人的基本需求,尤其是摧残了妇女的尊严与健康,桎梏了中国思想与文化的创新,是阻碍中国从传统社会发展到近现代社会的罪魁祸首。

这两种评价所指向的都是一部著作,就是中国宋代理学家朱熹的《四书集注》。

《四书集注》全名《四书章句集注》,实际上是四本书的合集,即《大学章句》《中庸章句》《论语集注》和《孟子集注》。从书名就能看出来,这是一套对先秦时期四本儒家经典进行诠释的著作,是朱熹逐字推敲、反复修改、集四十年之功而成。这部著作承继孔孟道统,以二程理学为宗,融汇周敦颐、张载、邵雍等人的学说,构筑起一个博大精深的理学体系,清代学者全祖望在《宋元学案·晦庵学案》中称之"致广大,尽精微,综罗百代",后人尊为"朱子学",又因朱熹晚年居建阳考亭村,筑竹林精舍(后改名沧州精舍)讲学,其学派又被称为"闽学",或"考亭学派"。

《四书集注》自南宋时被立为国学后历代备受推崇,自元以来一直被奉为科举考试的标准。到了清代,先后通行的《四书集注》刻本有五十多种,清帝康熙还命大学士李光地等编《朱子全书》并亲自作序,认为虽圣人复起,也不能超越朱子,宋儒继孔孟不传之学,而朱子集大成,不仅"绪千百年绝传之学",而且"立亿万世一定之规",对朱熹及其《四书集注》等著作的推崇可谓登峰造极了。

不过,对《四书集注》以及朱子学的批评也一直就有,甚至十分尖锐,尤其是清代学者戴震、颜元等人。戴震对朱熹的批评主要体现在对宋明理学"存天理灭人欲"观点的批判中,痛言这是"以理杀人"。颜元则直言"必破一分程朱,始入一分孔孟",认为宋明以来的人才不举、文化没落都应该由朱熹来负责。"五四"乃至"文革"期间打到孔家店,对朱熹批斥之声就更难以入耳了。

那么,《四书集注》以及朱子学为什么会招致如此不同的评价呢?《四书集注》与朱子学到底说了些什么?产生了什么样的影响?本书就试图对此做个较为详细的介绍。让我们先来认识下朱熹吧。

一　朱熹其人

中国人在问"您是哪儿人"时，一般并不是在问这个人现在生活在哪里，或者出生在哪里，而是问这个人的籍贯是哪里。什么是"籍贯"呢？就是祖居或原籍，也就是这个人所属家族的某一位祖先的长久居住之地。再具体点说，指的是这个人的曾祖父及以上父系祖先的长久居住地。而他的出生之地或现在生活之地，登记在册是叫"户籍地"。

所以，很多中国人在说我是某地人时，说的并不是他现在的生活之地或者出生之地。也正因为如此，中国史书上记载的很多人，在说他是某地之人时，可能他根本就没有在那里生活过，甚至出生也不在那里。

朱熹像　（清）上官周　绘

朱熹就是如此。他虽然出生与终老在福建，一生中有六十多年都是生活在福建，但几乎所有史书记载的都是"朱熹，婺源人氏"。因为朱熹的祖父再上溯至九世祖，他的家族一直居住在婺源。

根据婺源的一份县志记载，唐开元二十四年(736)，洪真造反，以休宁县回玉乡鸡笼山为营寨，聚众活动于歙、衢、睦边境的遂安、开

朱熹故里江西省婺源市文公山

化、休宁等县。朝廷发兵征讨,历经三年才平定。为便于统治,唐玄宗决定,于开元二十八年(740)正月初八设置婺源县,将休宁县的回玉乡和江西乐平县的怀金乡(一说浮梁县的游金乡)划归婺源县管辖。婺源隶属歙州。宋宣和三年(1121),歙州改称徽州,婺源仍归之管辖。此后历经宋元明清各代,婺源一直隶属徽州。辛亥革命后,废府留县,婺源县直属安徽省管辖。所以安徽人也常常以朱熹为老乡。只是到了民国二十三年(1934)婺源才因"剿共"需要而改隶江西省,三十六年(1947)恢复归属安徽,到1949年5月又划至江西,直到现在隶属江西省上饶市。

朱熹的九世祖叫朱瓌,小名古僚,字舜臣。唐昭宗天祐年间,他出任歙州刺史麾下的衙前指挥,领兵三千卫戍婺源,此后朱瓌便携家在婺源定居下来,成为婺源朱氏的始祖。

若再追根溯源,朱熹还可算是孔子与孟子的老乡呢。据传,朱氏出于曹姓,是颛顼之后。颛顼后代的一支得姓曹,在周武王灭掉商朝后,封曹氏于邾,就在曲阜、邹县及徐州一带,是鲁国的附庸。春秋时,邾国被楚国吞并,他们就取"邾"字的偏旁"朱"为姓,流落到沛国(今安徽濉溪到江苏徐州以西一带)。东汉时又迁徙到青州(今泰山以北到渤海的胶东半岛地区),汉末,青州朱氏南下过江分为两支,一支徙居苏州,一支迁到丹阳(今安徽当涂县境内)。朱熹的先祖就是迁到丹阳的这一支。不过,到三国东吴时,丹阳朱氏和姑苏朱氏交错繁衍,成为东南朱张顾陆四大著姓之一,所以吴郡朱氏成了两支的通称。这其中有一系徙居金陵,所以后来朱熹的父亲朱松称朱氏的"鼻祖"在金陵。金陵朱氏到朱师古这一代时,正值唐末,王仙芝、黄巢举兵抗政,席卷中原乃至西北、苏浙各地。朱师古为避战乱,又率家南迁到了歙州黄墩。婺源朱氏始祖朱瑰正是朱师古的儿子。

朱瑰"资产甚富",有三个儿子,他们的后代也有散居其他郡县的,但大多留居婺源,成为"婺源著姓"并"以儒名家"。但到了朱熹的祖父朱森、父亲朱松时,朱氏家业已经败落。朱松携家到福建任职时,不得不典当田产换取搬迁资金,而且朱松在其父亲去世后,居然因家贫无法将其归奉原籍,只得葬于福建政和县的护国寺。

朱松,字乔年,号韦斋,政和八年(1118)考取进士,被任命为福建北部建州政和县尉,随后屡次升迁,官至秘书省校书郎、著作郎、度支员外郎兼史馆校勘等职。他是激进的抗金派,在首都临安(今杭州)任职期间,与胡珪、张扩等联

朱熹故居紫阳楼遗址

名上书,认为不能求和,因此得罪权臣秦桧,被令"出使外郡",到饶州(今江西上饶)去任职。朱松不去,请求当祠禄官,就在台州主管崇道观。(祠禄为宋代官制,有大臣被罢职后,就令其管理道教宫观,不理政事而给予俸禄,算是一种礼遇。有些官员自愿请求充任祠禄官,称请祠。朱熹就多次请祠,前后长达21年。)

也就是从朱松开始,朱氏家族的这一脉开始在福建繁衍。朱熹就出生于福建尤溪。

1988年在朱熹故居遗址新建的紫阳楼

(一) 少年远志

朱熹在兵荒马乱中降生于世,又在颠沛流离中度过童年时光。

宋王朝建立后没有能力恢复唐帝国的版图,就一直偏居中华大地的中东部地区。与之并立的北有辽,西北有夏,西有吐蕃诸部,西南为大理。边地战事不断,宋王朝就采用俯首称臣、缴纳岁币、割让土地等"议和"之策换取内地的安定,故而江南仍是"至今商女,时时犹唱,后庭遗曲"。1115年,女真族立国,号大金,雄心勃勃,先与宋订立盟约于1125年灭了辽国,然后挥兵南下,1127年攻下宋都东京(今河南开封),烧杀抢掠之后,还将宋徽宗、钦宗父子、赵氏皇族、后宫妃嫔与朝臣等共三千余人掳去金都。这就是岳飞《满江红》所言"靖康耻,犹未雪,臣子恨,何时灭!"遭此劫难,北宋灭亡。

朱熹画像

宋徽宗第九子康王赵构在应天府南京(今河南商丘)称帝,改年号为建炎,史称南宋,赵构就是宋高宗。宝座尚未坐热,建炎三年(1129)金兵又大举南犯,宋高宗一路往南奔逃,扬州、镇江、建康,再到越州、明州,甚至漂泊海上,直到1130年夏金兵撤离后,他才回到绍兴,然后定都临安(今浙江杭州)。

朱松初次为官还是在北宋时,宣和五年(1123)八月到福建,任建州(今建瓯)政和县尉,到南宋高宗建炎二年(1128)时,调任南剑州(今南平)尤溪县尉。建炎三年(1129)五月任满后寄居在好友郑安道家。这一年的八月他又独自南下泉州任石井镇监税。可十一月间听说一支金兵从江西进入福建抢掠,就慌忙离职回尤溪携家眷往北逃到政和县,躲住在荒僻的垄寺。到了建炎四年(1130)五月,又听说浙中的龚仪叛兵进入福建烧杀打劫,急匆匆地再携家南返尤溪,甚至进入深山过了一段日子。惊魂未定,八月时建州瓯宁(今建瓯)的范汝为揭竿而起,多次击败前来征讨的官军,纵横闽中。

就在这时,建炎四年(1130)九月十五日,朱熹出生在尤溪的郑氏草堂。朱松以孩子的出生地给他起了个小名沈郎,又因他在家里排行第三,尤溪地属延平,起小字季延,另以家族排行称五十二郎。尚在襁褓之中的小沈郎就随父母不停逃难,绍兴元年(1131)二月一日,朱松携家逃往古田,先是在龙爬,六月后寄居在长溪龟灵寺。后准备逃往福州,渡鸡屿洋,寓桐江。直到朝廷派韩世忠大军入闽,绍兴二年(1132)初平定叛乱,朱松一家才回到尤溪。朱松后来描述那段日子,"时时要准备逃入深山之中,没有睡过一个安稳觉"。在随后的几年间,朱松的母亲去世,两个儿子——朱熹的哥哥也都夭折了。

有记载说,朱松在小沈郎出生前曾请人算命,问起将来富贵。那人回答他说:"富也只如此,贵也只如此。生个小孩儿,便是孔夫子。"朱松的好友郑安道在道贺诗中也称这个孩子是"渥佳原异种,丹穴岂凡胎",可是朱松却感慨在乱世之中儒生无用,还不如去当兵打仗呢,他在诗中叹道:"有子添丁助征战,肯令辛苦更儒冠?"难道这是"天降大任于斯人"?

朱熹曾自称少儿之时迟钝愚鲁,什么事都不如别人,但从史料记载来看,他也有着不同于一般孩童的个性。四岁时父亲朱松指着天对他说:"这是天。"沈郎则问:"天上又有什么呢?"朱松听他这么追问非常吃惊。五六岁时,他常常烦恼的一个问题是:天地四边之外是什么呢?听人说四方无边,但他总觉得不合理,认为应该有个边际,就像这墙壁一样,后面一定有个什么。就这样百思不得其解,以至几乎成病。还有一次与同伴嬉戏沙上,他独自端坐一边用手指在沙地画图,旁人一看,居然是复杂微妙的八卦图形。而且,小沈郎对儒家经典书籍特别感兴趣。"家贫儿痴但深藏,五年不出门庭荒。"八岁时读《孝经》很快就通达其中的核心思想,还自己在书上题字自勉说:"如果不这样做就不是人啊。"十余岁时读到《孟子》的"圣人与我同类者",更是"喜不可言"。看来,朱熹少年时代就在究天问道方面异秉于常人，对于圣贤之学有弘远之志。

从朱熹为他父亲写的《皇考朱公行状》及其他回忆语录来看，父亲的为人为学对他都有很大影响。他回忆说："我的父亲非常喜欢历史书，每天晚上一定要读一卷才睡觉，所以我自小还没上学就对这些内容耳熟能详了。"

朱松工于词章，他的诗文在当时远近传诵，还流传到了首都。但他并没有以此为喜，因为他更关注现实，期望探究国家兴衰的历史经验与教训，提出有益于时政的论议，尤其是在与著名理学家程颢、程颐（一般合称二程）的弟子萧顗、罗从彦交游之后，更加努力研读《大学》《中庸》这类著作，体会与贯彻儒家"格物、致知、诚意、正心、修身、齐家、治国、平天下"的宗旨。到福建任职后，他广泛结交当地学人，尤其与程门后学友善。在痛失二子后，朱松对小沈郎寄予厚望，他在小沈郎五岁开始上学时专门写了一首《送五二郎读书诗》，称"成家全赖汝"，希望小沈郎"夜寝灯迟灭，晨兴发早梳"。朱松请祠居家后，亲自教导朱熹，想要引领其学习程门理论，可惜不过两年就病故了，年仅47岁。而此时朱熹才14岁。

（二）出入佛老

朱松临终时，将家事托付给好友刘子羽，并嘱咐朱熹"籍溪胡原仲、白水刘致中、屏山刘彦冲，这三人都是我的好友。他们的学问都有渊源，我非常敬佩。我马上就要死了，你以后要像听从父亲一样听从他们，那我就死而无憾了"。

刘子羽（1096—1146），字彦修。建州崇安（今福建武夷山市）五夫里（今五夫镇）府前村人。10岁精通经史，11岁随父亲、北宋名将刘韦过军旅生活，弃文习武。父亲死于靖康之难，他扶柩归葬家乡，誓与金兵不共戴天，致力抗金，屡获战功，官至右朝议大夫、徽猷阁待制。后来遭到议和派忌恨被罢官，45岁时奉祠回归故里隐居，寄情山水，兴办学馆。受朱松托孤之请后，专门在自己家院旁边修筑了房舍，将朱熹及其母亲接去居住。朱松曾经在徽州的紫阳山登览读书，书堂名为"紫阳"。朱熹一直怀念父亲，曾自号"紫阳"，这五间旧楼也称为"紫阳楼"。

朱熹的母亲祝氏五娘可以说是位"大家闺秀"，出身于新安的名门望族。她的先祖祝仁质富甲一方，拥有整个新安郡一半的产业，号称"祝半州"。但方腊起事焚荡了祝氏家业，到祝五娘父亲祝确时，家境也已潦倒。祝五娘是祝确的独生女，18岁时嫁给朱松，随后相夫教子，"仁厚端淑"，虽"贫病困蹙，人所不堪"，她却能处之怡然。

胡宪、刘勉之、刘子翚三先生都有程门渊源，又各有专长。胡宪(1086—1162)，字原仲。著有《论语会义》一书传给朱熹，但因多年在外为官，他对朱熹的影响不如其他两位。刘勉之(1091—1149)，字致中，称白水，又号草堂。少年时期经过考试进入太学后正逢朝廷禁二程之学，他却偷偷地访求二程之书，深夜在帐内抄写默诵，后来又学于二程的弟子谯定、刘安世、杨时等人，归乡后耕读持家，不求仕途。他膝下无子，将朱熹视同己出，非常喜爱，还把自己的长女刘清四许配给朱熹。刘子翚(1101—1147)，字彦冲，自号病翁，是刘子羽的弟弟。因其所居之地有三峰耸立，如参天巨屏，刘子翚便以"屏山"自号。朱熹随母亲搬到刘氏庄园后就进入了刘家学堂读书。刘子翚可谓朱熹的主要导师，他作有《复斋铭》《圣传论》，期望朱熹能勉力学习。

武夷三先生都注重论、孟、学、庸，另一个共同点是醉心学佛。朱熹自然也深受影响，有十余年的时间很用心地研习佛家与老庄的学说，曾给朋友写信道：

熹于释氏之说，盖尝师其人，尊其道，求之亦切至矣。

他十五六岁时,有一天在刘子翚先生那里见到一位僧人,相谈之后,那位僧人对刘子翚说朱熹对禅义的领悟还是灵明的。朱熹也觉得僧人高妙,就去请教他,认为他"说得煞好",后来到临安应礼部试,还用这位僧人的意思去释说考题,竟然高中得举。以致《佛祖历代通载》记述"朱熹少年时不喜欢儒家经典,因为听了一位高僧说禅,直指本心,悟到灵明。19岁参加科举考试时,刘子翚先生从他携带的书箱里,只看到一套《大慧语录》"。大慧宗杲是稍早于朱熹时期的一位高僧,倡导看话禅,影响深远,被宋孝宗赐号"大慧禅师",他的弟子们将他的一些言论记录汇编成《大慧语录》。朱熹在刘子翚那里见到的僧人就是大慧的弟子道谦。道谦就是五夫里人,俗姓游,出家后师事克勤、宗杲等高僧大德,绍兴九年(1139)归隐故乡的仙洲山,十六年(1146)秋,应刘子羽之请住持开善寺。朱熹就经常向他学佛参禅,前面说到朱熹曾"师其人",指的就是拜道谦为师。

朱熹此时不仅学禅,也用力于道家之学,他的诗《读道书六首》写道:

岩居秉贞操,所慕在玄虚。清夜眠斋宇,终朝观道书。
东华绿发翁,授我不死方。愿言勤修学,接景三玄乡。

不仅言明对道家学说的勤修,还表达了对道家"真境"的向往。他还曾问学于庐山道士虚谷子刘烈,细读其著作《还丹百篇》,同他讨论易学,讨教金液还丹修炼之法。

朱熹这段"出入佛老"的学历,对佛道思想有了较为深入的认识与理解。他不仅注意借鉴与吸收佛道的一些思辨方法和观点,丰富与拓展自己的学说体系,还能够对佛道提出有针对性的批评意见,所以钱穆先生曾评价朱熹批评佛教不是如别的理学家那般局限于门户之见,而是能够切中要害。

不过,"出入佛老"只是朱熹潜心问道的一个方面。他自称此时"无所不学,禅、道、文章、楚辞、诗、兵法,事事要学",对儒家的圣贤之学依然非常勤勉,他自十四五岁时,得到张载和二程的书后就反复诵读,对四书更是用功,曾说自己读《中庸》时是别人读一遍自己读一百遍,别人读十遍,自己读一千遍。到十七八岁时,每早起诵读《大学》《中庸》十遍。

多闻博取致广大,熟读深思尽精微。绍兴十七年(1147),18岁的朱熹参加乡贡并被录取,主考官蔡兹对人说:"我录取一名年轻人,应答写作的都是治国为政的策略,以后一定不同寻常。"绍兴十八年(1148),朱熹考中进士,三年后被派任泉州同安县主簿,赴任途中拜见了著名道学家李侗。他跟李侗谈了自己的学禅所得,李侗只说不对,要他只看儒家圣贤言语。朱熹虽然心存疑虑而且不服气,但还是听从劝告,开始"着紧用力"于儒家的圣贤之学。

(三)专意儒学

朱熹离开李侗时,本想将禅佛之说暂且搁置,待学成儒家之后再来深究,但是一方面,朱熹总觉得在禅佛之说中没能求取到至真之理;另一方面,在日复一日的阅读四书等儒家经典时,越来越体味到其中的深意,回头看佛家的学说却发现"疏漏百出"了,一得一失之间,就觉得"才这边长得一寸,那边便缩了一寸,说到底佛家还是一无是处"。此时,武夷三先生中的二刘都已去世,朱熹自己又觉得还是没有通达儒家义理,于是,他决心向李侗求学。为表达诚意,绍兴二十八年(1158),他在同安主簿任满回崇安途中,步行数百里到南平去拜会李侗,又在绍兴三十年(1160),已经三十岁的朱熹正式拜李侗为师。

李侗(1039—1163),字愿中,号延平。剑浦(即延平,今福建南平)人。24岁时,学于程颐的再传弟子罗从彦,与朱松同门。数年后,退居山田,结茅水竹之间,不事科举不求仕途,专心儒学,教授乡里,怡然自适。李侗教导朱熹,圣贤之道要从日用人生中专意下功夫,而不能如佛禅一般"悬空理会"。

自此以后,朱熹学风转向,专意于儒家圣贤之学,并开始批判佛道之说,他有诗句写道"多少个中名教乐,莫谈空谛莫求仙"。他也开始注读四书等经典,还以访学、论辩、交游、通信、讲学、论著等诸多方式与同时期的学者们探究儒家道学,终于构建了集宋学之大成的理学体系。

白鹿洞书院

朱熹的讲学活动是与他的仕簿生涯同时开始的。在任同安主簿期间,就建经史阁办"官学",请求官府将985卷书送给县学,选当地聪明优秀的子弟来学习,他每天都参与讲学。此后终其一生,朱熹都以讲学为务,"一日不讲学则惕然以为忧"。乾道五年(1169)九月他

在朱熹创建的"武夷精舍"遗址上新建的武夷书院

母亲去世,朱熹将母亲葬于建阳寒泉坞,并在墓侧建精舍,在此著书讲学有十年之久。后在江西知南康军时复建白鹿洞书院,去官请祠后又结庐于武夷山之五曲,名为"武夷精舍"。64岁到湖南知潭州虽仅两月,修复岳麓书院。晚年遵从父亲生前的愿望定居建阳考亭,又建竹林精舍讲学不辍。

朱熹办书院、定学规、编教材,对中国后世的教育思想乃至教育规制都影响巨大。他题写的《白鹿洞书院揭示》,制定学规,以"父子有亲、君臣有义、夫妇有别、长幼有序、朋友有信"为"五教之目","博学之,审问之,谨思之,明辨之,笃行之"是"为学之序","言忠信,行笃敬,惩忿窒欲,迁善改过"为"修身之要","正其义不谋其利,明其道不计其功"是"处事之要","己所不欲,勿施于人,行有不得,反求诸己"为"接物之要",这些都成为各书院的楷模。

需要说明的是,朱熹办书院并非以科举为目标,他甚至严厉地批评科举的制度性弊端,已经失去了选拔人才的作用,而要改革就应当从改革教育入手,首当其冲要改的就是官方的太学,他认为那儿的教育目标是获取功名利禄,教育方法不过是让人死记硬背。而真正的教育目的应当在于通过对儒家经典的研讨,明白圣贤之道是"为己之学",是通过格物致知,修身养性而成人、成贤、成圣。

朱熹治学,用功读书注释而外,多与他人探讨论辩。对他影响较大的有张栻、吕祖谦、陆九渊、陈亮等。

张栻(1133—1180),字敬夫、钦夫,号南轩,世称南轩先生,有《论语解》《孟子说》《诸葛武侯传》《南轩集》等传世,后被誉为湖湘学派集大成者,在当时与朱熹、吕祖谦齐名,称"东南三贤"。1167年,朱熹携门人范念德前往长沙访张栻,一起讲学于岳麓书院,同游南岳衡山,切磋学术,相处两月之久,以后书信往来不断,深入探讨中和、心

白鹿洞书院内的朱熹像

性、仁等问题。

吕祖谦(1137—1181)与朱熹也是至交,二人合作辑有《近思录》。1175年5月他邀请朱熹以及陆九龄、陆九渊兄弟及他们的门人共赴江西铅山县鹅湖寺(今鹅湖书院旁),进行了一场学术论辩,史称"鹅湖之会"。

陆九渊(1139—1192),字子静,自号存斋,人称象山先生,抚州金溪(今属江西)人。少年时期就聪颖异常,断言"宇宙内事乃己分内事,己分内事乃宇宙内事"。学成之后,倡"心即理"之说,主张天理、人理、物理只在吾心中,"宇宙便是吾心,吾心便是宇宙",人同此心,心同此理,故而修道成圣主要在于"发明本心",不必拘泥于经书,他说"学苟知本,六经皆我注脚"。他在家乡讲学传道,前往学习的有数千人,影响一时无人能及。

据陆氏门人朱亨道记载,"鹅湖之会,论及教人,朱熹的意见是要人们先泛观博览而后提炼精要、化繁为简,二陆的观点是要先发明人之本心,而后使之博览。朱熹认为陆氏的方法太过简单,陆氏则认为朱熹的方法太支离,双方见解不同争执不下。这个辩论实则关涉到朱陆二人对心、性与理的本体认识之异,格物致知与发明本心的修养之别,所以在中国哲学史上具有深远的意义与影响。

1181年以后几年中,朱熹与婺学代表陈亮相互访请,书信不断,论及儒学道器、理欲、王霸义利、道统等事关儒学传统观念与新儒学的根本精神,人称浙学之辨。

这样的交游论辩,是朱熹得以汇诸儒之思而集为大成的重要因素。

(四) 政事可观

儒者以"内圣外王"为修养之极,朱熹也曾说过:"天生一个人,便须管着天下事。"但他又不热衷仕途,自绍兴二十一年(1151)受命同安县主簿后50年历事四朝,虽屡次受召,却多次推辞或请祠赋闲,担当有实权的官员从政不过七年又三个月,作为宫中的侍讲入朝奉君仅46天。

朱熹首次做官是任同安县主簿,再赴仕途是22年后知江西南康军,又先后任浙东常平茶盐公事;知漳州、潭州,还于1194年任焕章阁待制兼侍讲。他为政时间虽短,仍因事必躬亲,兢兢业业而取得非常突出的业绩,在有人攻击朱熹"疏于为政"时,宋孝宗却称赞道:"朱熹政事却有可观。"绍熙三年(1192),辛弃疾任福建提点刑狱,向朱熹讨问治闽之策,朱熹给予辛弃疾三句话:"临民以宽,待士以礼,驭吏以严。"这应当也是朱熹为政思想与经验的总结。

朱熹虽奉持"天理君权"观,但也有"民本"思想,能够自觉地从民众的立场来施行治政。孝宗乾道三年(1167)崇安大水,朱熹奉檄行视灾情,并与州县官讨论抚恤事宜,结果大失所望,感叹道:

大率今时肉食者漠然无意于民,直是难与图事!

他还对当时繁重的赋役提出严厉批评,称其"古者刻剥之法,本朝皆备"。所以要拯救百姓于水火之中,就应当全部取消"无名之赋",他讥讽道,如果不认为百姓是自家百姓,就不这么做。如果真正以民为本,就应当"省赋恤民",甚至"宁过于予民,不可过于取民"。他在给皇帝的《庚子应诏封事》中写道:"臣曾经说过国家最根本的任务,没有比体恤民众更大的了。"

正因为有这样的民本观,朱熹在地方为官时,一方面重农开源,一方面省赋恤民。他认为,生养民众的根本在于让人能吃饱,所以国家要重视农业,各级官员都应该劝勉民众务农。在同安县任主簿时,为抑制豪强对农民的过度剥削,推行"经界法",即丈量土地,核实田亩,使田税均平;任漳州知府时,奖励垦荒,不仅承诺开垦者可以将开垦之地"永为己业",而且可免除三年的租税。他还在力所能及的范围内,都请求减免当地赋税,叶公回《朱子年谱》记载他上乞减免台州丁钱后,当地民众很久之后谈及朱熹时还是称赞有加的。1171 年,朱熹在其家乡五夫里首创"五夫社仓",就是在青黄不接的每年冬季到次年夏间由官府将收购来的粮食贷与无粮户,到秋收后再归还。一般取息 20%,这就可以不向豪民高利贷粮,若发生小饥,息利可以减半,若发生大饥,则可免除利息。后来,南康军、浙东水旱不断,朱熹都结合使用这样的方法,竭力措置,积极救荒,赈济灾民,颇有成效。

朱熹治政,尤其注重改善民风,这就需要一批乡贤鼎力支持。除力行办学这项"特出"的教化之举,他尊贤举能,邀请"父老僧道,军民诸色等人""不拘早晚",随时到官府来讨论政事与学问。在同安县,针对当地乱婚严重的现状,他制定《申严昏礼状》,四处张贴,强调朝廷关于礼律规定中,婚姻为重,要求大家按照颁布的规定仪式结婚。后来的《同安县志》记载说:

> 自朱子薄邑后,礼义风行,习俗淳厚,则谓本邑礼俗创自紫阳。

民间甚至有用"许滢开疆二千载,朱熹过化八百年"的联句来概括同安的开发史和文明史。朱熹知南康军到任后颁布的第一道榜文《知南康榜文》中,就宣布了宽民力、敦风俗等施政方略,请士民乡邻父老、每年集会,教戒子弟,使"修其孝弟忠信之行,入以事其父兄、出以事其长上,敦厚亲族,和睦乡邻,有无相通、患难相恤",以成风俗之美。在漳州,朱熹发布《漳州晓谕词讼榜》,提倡"无讼",认为过多的诉讼会导致如下后果:

失乡里之欢,亏廉耻之节,忘骨肉之恩,犯尊卑之分。

他劝导人们：

既相论诉,莫相侵夺,莫相瞒昧,爱身忍事,畏惧官司。

如此倡导施行,卓有成效,他的门人曾记述说,漳州境内,那些偷盗之徒都逃遁,改行正业了。

朱熹还发现赋税的苛重不均与官吏的贪恶有关,所以也很注意治吏。他在同安任主薄,就是协助县令管理簿书、赋税、教育等事务。他前往水春县,向以吏治闻名的黄瑀学习"敦礼义、厚风俗、戢吏奸、恤民隐"的治县之法。为了规避吏人作弊,他每天都要点对签押出入账目。还在米仓的墙上书写了一首诗：

度量无私本至公,寸心贪得意何穷？若教老子庄周见,剖斗除衡付一空。

以此警示官吏。治民则强调德教与刑罚并举,抑制豪强、惩治恶霸。他在同安曾调和同安、晋安两县地界之纠纷,避免了两县民众的械斗,在两县交界的小盈岭上立下"同民安"碑。在江西满任之时,有人在集市纵马将一小儿踏伤几至于死,朱熹将其拘禁,于次日杖刑惩处。有人劝他说那是大户人家子弟,何必要羞辱他呢？朱熹回答："人命所系,岂可宽驰？"在潭州任上,他还曾处置张姓恶徒。张家门前有一木桥,商贩自桥上过,张姓人家就强行收取过桥费,若商贩拄杖过河,他们就抓住捆绑着吊起来。朱熹认为此人凶恶不可言,若不痛治,何以惩戒。于是将张某编管。

绝不唯上，勇于谏诤；不畏强权，敢于弹劾，是朱熹在任更高级官职时所表现出来的刚毅之气，可能也是朱熹在官场难以亨通，甚至遭致打击的主要原因。

（五）庆元党禁

朱熹所处时代，宋金时战时和。绍兴十一年(1141)，偏居江南的赵宋王朝与金苟和：宋向金称臣，年供银、绢各 25 万。

朱熹与父亲一样，力主抗金。1162 年，孝宗即位，诏求直言，朱熹乘机上疏提出抗金主张，被孝宗召见。朱熹根据李侗意见，以"三纲五常"论证宋金"不共戴天"，他认为：

非战无以复仇，非守无以制胜。

希望孝宗立即放弃议和，而且让大家都知道"复仇雪耻之本意未尝少衰"。他还从军事上提出了收复中原的方略。无奈的是，1164 年宋金又订立合约，北伐无望，所以朱熹临终对弟子叹息：

某要见复中原，今老矣，不及见矣。

攘夷须修内。朱熹以"理"论政，认为：

亘古亘今，只是一理，顺之者成，逆之者败。

所以他虽然持"天理君权"观，认为天理为护佑民众而确立君王，但更强调"正君心"，说：

> 天下事有大根本,有小根本,正君心是大根本。
>
> 人主之心一正,则天下之事无有不正;人主之心一邪,则天下之事无有不邪。

所以,君主也必须以天理来规范自己的言行。他先后向宋孝宗、光宗、宁宗上奏章六次,详陈经国方略,每次都无例外地将"正君心"置于首要地位。说到激动处,他甚至以自己的性命来担保:

> 诚修而治效不进、国势不强、中原不复、仇虏不灭,则臣请伏斧钺之诛,以谢陛下!

朱熹还认为,作为国君也不可能独任天下之事,也应当广开言路、集思广益,与大臣讨论共同制定决策,再公布实行。绍熙五年(1194),朱熹由宰相赵汝愚举荐任焕章阁待制兼侍讲,即皇帝的顾问和教师。朱熹为宁宗进讲《大学》,每逢双日早晚进讲,但他借此机会对朝政多有批评,甚至要求宁宗"下诏自责,减省舆卫",终于引起宁宗不满,被斥以干预朝政,逐出朝廷。

除了正君心,便要振纲纪、化风俗。纲纪不振于上,风俗必颓弊于下,朱熹认为当务之急是进贤退奸。他在向皇帝提出"远便嬖近忠直"之策的同时,自己也积极弹劾贪官劣吏。在浙江任职期间,他出巡各州明察暗访,发现一批官吏有救济不力、偷盗官米、瞒报灾荒等行径,他都予以揭批弹劾,其中六次上书弹劾台州知州唐仲友违法收税、贪污淫虐、偷造官钱,但因唐仲友是当朝宰相王淮的同乡,他的弟媳又是王淮的妹妹,朱熹的弹劾状要么被王淮截扣,要么被淡化,甚至歪曲,称朱熹告唐仲友不过是因为"秀才争闲气"的学派之争。王淮同时玩弄权术,将唐仲友和朱熹都改任其他职务,使得朱熹的弹劾失败。这次事件被陈亮、陆九渊等称赞为"震动一时","大快人心",但朱熹也由此招致一些人的忌恨。

庆元元年(1195)朱熹的支持者赵汝愚受韩侂胄排挤被罢相位,在流放零陵道途中含愤而逝。韩侂胄的势力则盛极一时,他因朱熹曾参与赵汝愚攻击自己的活动,于是发动了一场抨击"理学"的运动。庆元二年(1196)叶翥上书,要求把道学家的书"除毁",科举取士,凡涉程朱义理不予录取。监察御史沈继祖指控朱熹十罪,请斩。朱熹的得意门生蔡元定被捕,解送道州。朱熹理学被斥为"伪学",朱熹被斥为"伪师",学生被斥为"伪徒"。宁宗也一改旧态,下诏命凡荐举为官,一律不取"伪学"之士。这就是历史上著名的"庆元党禁"。

在这场查禁中对朱熹指控登峰造极的就是沈继祖的奏劾,在这篇奇文列举的朱熹罪状中,除了政事方面的,诸如在浙东把朝廷赈济的钱粮全都发给自己的学生而不给百姓;在长沙时隐匿赦书,

半亩方塘,位于现福建尤溪南溪书院文公祠前,传说为朱熹幼年读书、游戏之所,是朱熹著名诗作《观书有感》所描写之处。《观书有感》诗:"半亩方塘一鉴开,天光云影共徘徊。问渠那得清如许?为有源头活水来。"

反而判定很多受刑人员等数条外,更多的则是对朱熹"人品"与"生活作风"问题的谴责,比如说朱熹招学生都是要"富二代"以收取高昂学费,获利万计;子女婚娶也选择富贵人家以获取可观聘礼等等。尤其是在"生活作风"上,"又诱引尼姑二人以为宠妾,每至官,则与之偕行",另外,儿媳妇的丈夫不在却怀孕了,言下之意,就是朱熹与儿媳通奸。

纵观中国历史,这样的状词不胜枚举,仅在哲人之中,前有钟会告嵇康,后有张问达弹李贽,这种无中生有、捕风捉影,甚至颠倒黑白的污蔑,本不值一驳,但偏偏总是有人相信,时至今日,仍有人因朱熹在给皇帝自嘲式的"谢表"中一股脑地承认指控而认定朱熹就是这样的一个小丑,在网络上将此奏劾予以现代化的翻版后发布以"揭示一个真实的朱熹",实在可叹!

朱熹一生跌宕,少年丧父,中年失偶,晚年丧子,长期处于"贫病殊迫"的境遇,晚年更是遭受"庆元党禁",清名被污。在此期间,朱熹四处避难,从游之士或隐居,或改投他师,过门不入,他曾致书友人谓"亲旧凋零"。但他依然在著书,《韩文考异》《楚辞集注》《参同契考异》《阴符经考异》《仪礼集传集注》等都是他这一时期的作品。

> 仓颜已是十年前,把镜回看一怅然。履薄临深谅无几,且将余日付残编。

直到去世前的几天,仍然笔耕不辍,他的学生蔡沈在《梦奠记》中这么录下了他的"余日":

> 三月初二日,看蔡沈编撰的《书集传》,讲说数十条,……四更方退;初三日,在楼下改《书传》两章,又贴修《稽古录》。是夜,讲说《书

传》数十条；

初四日，是夜，说书至《太极图》；

初五日，是夜，说《西铭》，又谈为学之要；

初六日，改《大学·诚意章》，令詹淳誊写，又改数字，又修《楚辞》一段；

……

初八日，朱熹写了几封信，其中一封给女婿黄干，将传道之任托付给他，并嘱咐在场的九位弟子要"做些艰苦功夫"，才会有所进步。

庆元六年(1200)三月初九午时，朱熹于考亭去世，是年71岁。十一月二十日，由黄干主持丧礼，将朱熹葬于建阳县唐石里大林谷，参加葬礼的有千人。朱熹与早逝的夫人刘氏一起长眠在九峰山下。辛弃疾亦不顾党禁之压，亲自前往吊唁，并撰写祭文"所不朽者，垂万世名；孰谓公死，凛凛如生"。

两年后，学禁稍解。又过了七年，即嘉定二年(1209)，赐谥朱熹文公。

朱熹墓

二 《四书集注》其书

朱熹勤于笔耕,自30岁开始著述,直到去世前三天仍在修改《大学·诚意章》。据《四库全书》的著录统计,朱子现存著作共25种,600余卷,总字数在2000万字左右。可以说他是中国历史上著作最多的学者之一。

朱熹著述涉猎广泛、形式多样。其哲学著作主要有《四书集注》《四书或问》《太极图说解》《通书解》《西铭解》《周易本义》《易学启蒙》等。《通鉴纲目》《名臣言行录》等是其史学理论的代表作。

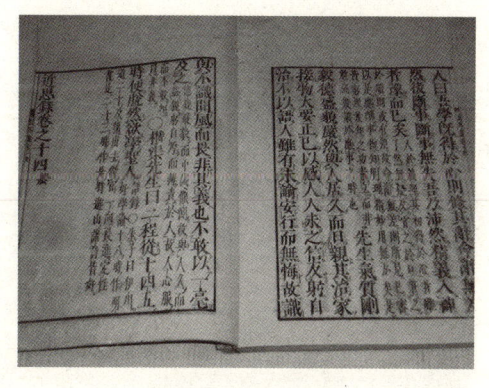

和刻本《近思录》

《楚辞集注》《韩文考异》等是对前代学术遗产整理和研究的校勘考订著作。为前代理学家编纂遗文,是朱熹著作的又一种类型。他为程颐、程颢编了《二程遗书》《二程外书》,为谢良佐编了《上蔡语录》,还为他的父亲朱松编了《韦斋集》。《近思录》是他在寒泉精舍为母亲守墓时与吕祖谦共同编选而成。这是一本被称为"我国第一本哲学选辑之书,亦为北宋理学之大纲,更是朱子哲学之轮廓"的重要著作。

在朱熹生前就已经有人开始编印他的著作。他逝世以后,历代都有集、辑朱熹不同类型和不同内容的著作成集。《朱文公文集》,全名《晦庵先生朱文公文集》,亦称《朱子大全》《朱子文集大全》及《朱子文集》等,全 100 卷,《续集》11 卷,《别集》10 卷。文集

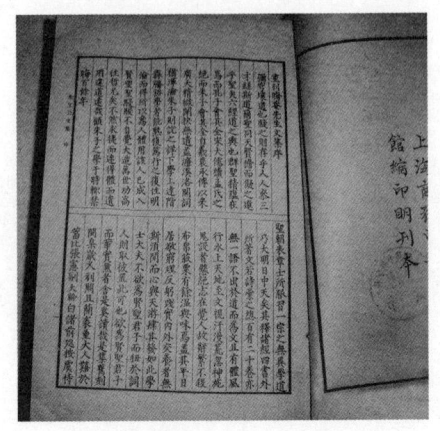

民国影印版《朱文公文集》

100 卷主要由他的儿子朱在编辑。《别集》主要出自余师鲁之手,唯《续集》不知编者为何人。宋代景定四年(1263)黎靖德以类编排,于咸淳二年(1270)刊印的《朱子语类大全》140 卷,为朱熹与其弟子问答的语录汇编,就是现在通行的《朱子语类》。康熙年间,清统治者为了便于传播朱子理学思想,特别下诏命大学士李光地等精编《朱子全书》,是朱熹文集与语录的汇编本,试图让读朱子之书的人,奉此编选本为指南。所以,此书实则是朱熹文集和《朱子语类》的整理节选本,所谓"全",只是就统治者的需求而言。

2002 年版《朱子全书》

《朱子语类》

2002 年 12 月由上海古籍出版社与安徽教育出版社共同出版的《朱子全书》,共 27 册,不仅囊括了朱熹的全部著述文字,而且将今人

对曾失传的朱熹文字考订辑录编集成册,并附有历代文献家对各种版本朱熹著作的著录、序跋、考订,等等,是目前为止最完备的《全书》,共约1436万字。

(一)"四书"的演变

所谓"四书",即《论语》《孟子》《大学》和《中庸》。前两本著作自成书后就以单行本流传,但《大学》与《中庸》严格说来是两篇论文,长期以来一直是被收录在儒家的一部文集《礼记》之中,那么这几本不同年代不同作者的著作为什么会并称"四书"呢?这里有必要做个简单的梳理。

《论语》是记录孔子及其弟子言行的语录体著作,是由孔子的弟子乃至再传弟子们结集而成,根据学者们的考证,认为曾参的弟子们在结集活动中发挥了最为重要的作用,曾子的弟子、孔子的孙子子思则是最后编纂的主持者。但同其他一些典籍一样,《论语》在传播过程中,还是出现了不同的版本,尤其是秦始皇焚书坑儒之后,儒家典籍毁损严重,《论语》也遭到查禁和焚毁,到汉代时已经出现"从其文字言,则有古今之殊;从其地域言,则有齐鲁之异"的三个不同的版本:在齐地流传的称《齐论语》,在鲁地流传的为《鲁论语》,这两本都是用当时通行的隶书书写,而汉景帝时鲁恭王刘余在扩建宫殿时在孔子的旧宅壁中发现了用东周时期通用的篆书书写的版本,故称《古论语》。西汉末时,汉成帝的老师张禹以《鲁论语》为基础,参照《齐论语》将二者融合为一,称为《张侯论》,成为现在通行本《论语》的蓝本。东汉末年,经学家郑玄以《张侯论》为依据,参考《齐论语》《古论语》作《论语注》,也流行一时。在对《论语》进行整理和定型的同时,已经有学者对《论语》进行诠释,在宋代之前较有影响的有汉孔安国的《论语训解》,马融的《论语训说》,郑玄的《论语注》;魏晋时期何晏的《论语集解》、皇侃的《论语义疏》；唐代陆德明的《论语音义》，韩愈、李翱的《论语笔解》等。

　　孟子以孔子思想的继承人自居，自称学习孔丘是他毕生的愿望，早年游历诸国的主要目的就是批驳杨朱、墨子等学派，倡导孔子之道。晚年与弟子万章等人"序《诗》《书》，述仲尼之意，作《孟子》七篇"。本书的写作特点与《论语》迥异，多为长篇论辩散文，且风格高度一致，"笔势如熔铸而成"，激扬磅礴。《孟子》被作为儒家经典的历程也不同于《论语》，两汉时期总体受重视程度不高，处于五经博士之外，但由于"独尊儒术"，也有一些学者注疏，最有影响的是东汉赵岐的《孟子章句》。此后直到中唐，韩愈提出儒家"道统说"，认为孟子继承了尧舜禹汤文武周公孔子之道，才确立了孟子正统儒者的地位，也引起了两宋学者的高度重视。尽管有李觏的《常语》、司马光的《疑孟》、晁说之的《诋孟》等批评与质疑著作，但《孟子》一书的地位已经提高到儒家经典之列，苏辙、游酢、张九成

《朱熹章句·大学》　　　　《朱熹章句·中庸》

等都有注解《孟子》的著作,影响较大的则是张栻的《南轩孟子说》。程颐则将《孟子》与《论语》并提,要求学人先读《论语》《孟子》,并以二者为衡量标准。

《大学》与《中庸》的作者在《礼记》中都没有标示,后人也有不同的看法,现在一般认为,《大学》是孔子的弟子曾子的作品,而《中庸》则由孔子的孙子孔伋(字子思)所作。两篇论文都提出了一些对儒家思想影响巨大的个人修养的原则、目标与方法,但直到中唐以后才被儒家从庞杂的《礼记》中抽出来。先是韩愈以《大学》的"正心诚意"为思想武器批判佛教。北宋初,《大学》曾被宋仁宗赐与新科进士王拱辰,后来司马光著有《大学广义》一卷,这是《大学》作为单独刊行著作的开始。二程的改订本《明道先生改正大学》《伊川先生改正大学》对《礼记》中原文的章节次序作了些调整,这对后来的学者产生了重大的影响。《中庸》独立成书较《大学》早些,可以上溯到南北朝时期,史书提到的有三种,但都亡佚。唐代,在儒佛论争中,柳宗元、刘禹锡从"统合儒佛"的角度出发,提倡研究《中庸》,认为《中庸》探究心性,与佛教经典有异曲同工之妙。韩愈的学生李翱在《复性书》中以《中庸》的"天命之谓性"、"至诚则明"的观点来阐述其心性观,被欧阳修等认为就是对《中庸》的阐释,使得《中庸》的地位凸显出来。宋以后形成了研究《中庸》的热潮:周敦颐的《通书》阐发《中庸》的"诚",将之视为圣人之道;司马光作《中庸广义》,推正心、诚意修身之法;王安石以体用之说解释中庸,以《中庸》的"中和"之说倡性情一体论;苏辙将《中庸》与佛教作比较,认为"中"就是"佛性";张载则借《中庸》的诚明之说阐发天人合一思想,等等。到二程,对《中庸》更是推崇备至,认为是孔门传授心法,对中庸"不偏之谓中,不易之谓庸"的解释更是得到了广泛的认同。

总之,论、孟、学、庸这四部著作在经历了不同时期的解读之后,到宋代得到了儒家学者的高度重视,并经常相提并论,二程还根据其中的内在联系,构建了"性即理"的心性论,"格物致知"的认识论,形成了四书学的基本线索与框架。而朱熹完成《四书集注》并对其内在联系予以系统阐发后,四书终于成为儒学新的经典体系。《四书集注》也成为中国思想史中的经典著作。

一般而言,只有原创性的著作才能成为经典。那么,《四书集注》作为一部诠释性的著作,如何能成为中国历史与文化中的经典著作呢?这里不能不对中国传统学术的特点予以说明。

(二) 中国学术传统的经典与诠释

同古希腊、中东与印度一样,在"终极关怀的觉醒"的"轴心时代",中国思想界也是群星灿烂,如老子、孔子、墨子、孙子、惠施、庄子、孟子、荀子、韩非子等等,他们探讨治国理民的方略,研究国家的产生与形成,求索宇宙人类的起源,追寻社会人生的价值,等等,都形成了自己的学说,并留下了一批原创性著作。他们探讨的问题不仅深刻、广泛,而且确立了基本的概念范畴,以至后人在继续探讨时都必须以此为基点。事实上,在西方的思想文化领域也有着类似的情况,就像英国现代哲学家怀特海德曾经说过:公正地说,关于西方哲学最令人信服的特征就是一系列对于柏拉图思想的注脚。在哲学领域内,没有一个问题不能从他的作品中找到一些观点的。

不过,轴心时代中国思想家们的著作往往非常简短,如同格言隽语的汇编,而且惯于使用寓言、比喻来表达思想,充满了暗示性,与古希腊哲人的论著相比,缺乏逻辑性与明晰性。加上中国文字本身又具有多义性,给人们理解这些著作留下了非常广阔的空间。故而后人在学习这些著作的过程中就必须予以阐释以明晰,进一步地,将那些隐喻变成论证,将那些结论的前提与原因推导出来。也就是说,经典告诉你一个道理,但是诠释者要解释"为什么"。这就形成了中国传统学术一个鲜明特色:诠释经典著作。这也是中国的诠释性著作浩如烟海的原因之一。

恰如黑格尔的《哲学史讲演录》、汤因比的《历史研究》等等名著一样,中国的这些诠释性著作大多也是在阐明原著涵义的同时,对一些概念、范畴与命题进行重新阐释、发挥,赋予其新的涵义,从而提出自己的思想学说,故而有"六经注我"之说。朱熹的《四书集注》就是这样的一部杰出著作。

这里说的"经典"著作,在中国学术传统里往往被称为"经"。那么,什么样的著作才能称作"经"呢?"经"的本意只是织布的纵线,与"纬"相对,也指南北向的道路,引申为装订书册的线,进而指书籍。再往后就用来尊奉那些最具有指导价值与真理标准的书籍,如刘勰所说"经也者,恒久之治道,不刊之鸿教也",就是不可更改的永恒的真理。在佛教中,"经"专指释迦牟尼佛所说的法(《坛经》是唯一的例外)。最早被奉为"经"的是孔子编订的六艺,即诗、书、礼、乐、易、春秋。西汉初年,《乐》失传。西汉文景之治时已设诗、书、春秋博士,汉武帝又置易与礼博士,专门传授这些著作的学说,尤其是汉武帝采纳董仲舒建议"独尊儒术"时,尊崇五经博士,标志儒家经学正式确立。所以冯友兰先生以"子学"和"经学"来划分中国哲学史,"自孔子到淮南王为子学时代,自董仲舒至康有为为经学时代"。在经学时代,哲学家们无论是否有新见解,大部分都依托经学之名,且多以子学时代的哲学术语来表达,就是用"经学"这个旧瓶来装新酒。基本表现形式,就是注疏"经"书。

儒家经学自五经之后,东汉时增《孝经》《论语》为七经;唐时又有九经和十二经,九经是将五经中的礼学分为《仪礼》《周礼》与《礼记》,将春秋分为左传、公羊传与谷梁传;十二经是在九经上增添《尔雅》

《孝经》和《论语》。宋代将《孟子》升格为经，形成通行到现在的儒家十三经。

注疏，相当于我们现在说的"诠释"。中国传统的注疏方法很多，也有传、记、说、解、笺、章句等不同类型，但就诠释重点与方向而言，基本可分两种："训诂"和"义理"。

训诂就是用现时通行的言语解释古典文本的字词和语义，比如《孟子·梁惠王(上)》的这段话：

> 臣闻之胡龁曰：王坐于堂上，有牵牛而过堂下者，王见之，曰："牛何之？"对曰："将以衅钟。"王曰："舍之！吾不忍其觳觫，若无罪而就死地。"

朱熹这样注释：

> 龁，音核。舍，上声。觳，音斛。觫，音速。胡龁，齐臣也。衅钟，新铸钟成，而杀牲取血以涂其衅郤也。觳觫，恐惧貌。孟子述所闻胡龁之语而问王，不知果有此事否。

"义理"法则是发掘古文本字里行间的深层含义，甚至引申发挥，提出新解。比如《论语·学而》中的这句话：

> 君子务本，本立而道生。孝弟也者，其为仁之本与！

朱熹的注解是这样的：

> 仁者，爱之理，心之德也。为仁，犹曰行仁。

在这里,朱熹就没有仅仅从字面解读,而是对"仁"作出了新的阐发,以自己的"理本论"赋予了"仁"新的意涵。

"训诂法"与"义理法"本来在诠释中是难以截然分割的。但有些诠释往往过于偏重一方面,出现明显弊端。要么繁琐化,要么神秘化;要么牵强附会,要么曲解误读。例如在汉朝有用所谓"章句"的方法注释经典,分章析句,一章一句甚至一个字一个字地详细解释。据《汉书·儒林传》说,当时儒家的经师对"五经"的注解,"一经之说,至百余万言。"儒师秦延君释"尧典"两个字,用了十多个字;释"曰若稽古"四字,三万言。而以董仲舒为代表的今文经学则认为"诗无达诂,易无达占,春秋无达辞,从变从义,而一以奉天",就是说,经典原文没有固定不变的解释,应当随着时代的变迁,依据天意而赋予新意。于是以天人感应,甚至谶纬之说来诠释经典。所谓"谶纬",是"谶"与"纬"的合称。"谶"是秦汉间巫师、方士编造的预言吉凶的隐语、预言,作为上天的启示,向人们昭示未来的吉凶祸福、治乱兴衰。谶有谶言、图谶等形式,如"亡秦者胡也"就是秦代的一句谶言。"纬"即纬书,是汉代儒生假托古代圣人制造的依附于"经"的各种著作,也是以方术、预言附会儒家经典。这就将儒家学说神秘化,以至于荒诞不经。后来遭到魏晋学者的严厉批判。王弼提出"得意忘言"的玄学方法,郭象继之而有"寄言出意"之说,开一代新风,与汉人注释方法大不相同,其实是以原文为材料来阐发与建构自己的思想体系,所以高僧大慧曾说:

曾见郭象注庄子,识者云:却是庄子注郭象。

此后,宋代学者多沿袭魏晋义理之法来注疏经典。

朱熹对上述几种过度诠释都提出了批评,说"汉儒一向寻求训诂,更不看圣人意思",而"今之谈经者,往往有四者之病。本卑也而抗之使高。本浅也而凿之使深。本近也而推之使远。本明也而必使至于晦",都脱离了原文的本义。"说来说去,只说得他自己一片道理",他用一位僧人的举例说,比如一盏好酒,被这个人来添些水,那一个又来添些水,添来添去,都淡了。

朱熹主张以探究义理为宗旨,把训诂与义理结合起来。一方面遵依汉唐儒者训诂注疏旧法,逐字逐句加以阐释,另一方面会通经书意涵来解出圣贤所说道理,甚至当文本字面之义与儒家义理发生矛盾时,也以阐发义理为主,认为这样才是承续圣人相传之心法。以下我们就来看看他是怎样编著《四书集注》的。

(三)《四书集注》的编著过程

朱熹的《四书集注》在每一篇前都有一段简明扼要的序,阐明该书的性质、由来、作者的生平与思想。正文之前又有一段语录,是二程对此书的评价。朱熹认为《大学》原本有阙疑之处,而且次序有颠倒错落,《中庸》虽无残缺,但章句混沌、条理不清,所以两篇文章都需要进行编辑,他就根据二程的见解和自己的研究,重新调整了次序并作出了自己的阐释,还补写了缺文,所以称为"章句"。《论语集

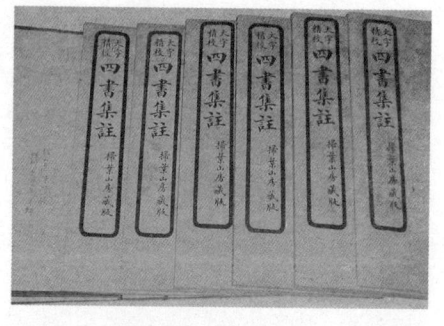

民国线装《四书集注》

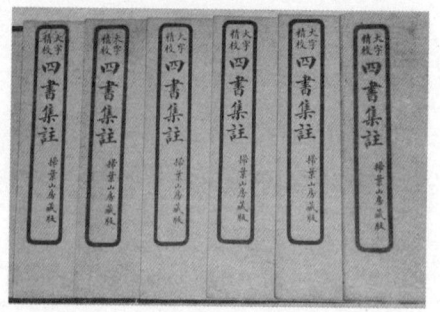

民国线装扫叶山房藏《四书集注》

注》和《孟子集注》是以他此前的作品《论孟集义》为基础,在原著的每段文句之后,先注音,再释字义,解释文句旨要,然后引述诸家的注解,最后发表自己的观点,所以称为"集注"。

朱熹对四书的诠释以及完成《四书集注》贯穿了他的整个学术生命,灌注了他一生的心血。他的女婿黄干曾亲眼见他改订注文通宵达旦,《四库全书总目》评说:

> 大抵朱子平生精力,殚于四书。

朱熹自己也曾说过:

> 某释经,每下一字,直是称等轻重,方敢写出。
>
> 某于《论》《孟》四十余年理会,中间逐字称等,不教偏些字。

由此可见,他注释四书真是字斟句酌,殚精竭虑。

朱熹少年时期就苦读四书,但直到 30 岁以后才开始编撰与注释。绍兴二十九年(1159),编成《论语集解》,次年完成《孟子集解》,都是遍求历代学者们的注释汇编而成。在此基础上,朱熹 34 岁时,选择二程、张载及其门人的见解,删掉其他学者的释说,编成《论语要义》一书,这是他独尊二程以求孔孟大义的第一步。43 岁时,朱熹又编撰了《论孟精义》,与前书一样,主要选取二程、张载等九家之说。本书的体例是先列出原文,再依次编列二程、张载等人的注说。刊印后,朱熹的门人就用来教学,很受欢迎,对宣扬二程学说,建构儒家道统起到了很大作用。

这两本书,只是采取前人之说,而不直接表达他自己的理解。主要是引导读者从程门的弟子的释说中了解二程的学说,再通过二程来理解孔孟。同一时期编撰的《大学集解》也是这样。

1173—1177年期间，也就是朱熹44岁到48岁之时，他先后完成了《论语集注》《孟子集注》《大学章句》《中庸章句》《四书或问》等著作。朱熹认为《精义》中的释说无关紧要的地方较多，所以精选其中抓住要旨的内容，汇编而成《集注》。他自己曾说："集注乃集义之精髓。"这是他经过40多年的用心"理会"，并"逐字称等"后才最终写定的著作。从朱熹一生注释《论语》的过程来看，先编《论语集解》，再有《要义》《口义》《精义》《集义》，最后成《论语集注》。其中《要义》《精义》《集义》都是大量采用宋儒，特别是理学家对《论语》的解说，基本不掺杂个人意见，只有《论语训蒙口义》例外，不仅参考宋以前的训诂、音读，而且加入自己的个人见解，"又以平生所闻于师友而得于心思者，间附见一二条焉"。《论语集注》沿袭了《口义》的编写体例，既吸收了宋以前的训诂、音读，又博采宋人的义理释说，同时加入大量个人按语。与之前的独尊二程又不一样了，最后定稿采用阐释的学者有35人之多，比早先的"遍求历代学者"还要多。他虽然说自己对圣人的经典是一字一字地用心去体会，力求没有一丝一毫的偏差与杜撰。但实际上，朱熹开始大胆地以自己的见解来增删条目，二程门下诸家之说大多被放弃。《或问》对于诸家释说有不少批驳、辨正之处，并没有公开印行，只在其门人间私相传录。但其后《集注》屡有删改，《或问》没有随之不断增修，就中止了。而《精义》一书，到朱熹51岁时，又改称为《论孟要义》。因为他发现还遗漏了不少二程、张载诸家释说，所以不时补充，并补充了二程弟子周孚先《论语说》残篇。

他所理解的"圣人之意"也已有很多自己的发挥。最具代表性的就是他对《大学章句》的编订，不仅将原文分为经传两部分，而且以经文所提出的三纲领八条目为线索，具体更改了传文的次序，甚至为了解释经文"格物致知"，自己增补了134个字作为经文。而且，他在选用诸家之说时,也是"为我所用",以自己的观点为标准,甚至对一向尊崇的二程之说也作出了辨正取舍。根据《朱子语类》的记载,朱熹曾告诉弟子,对二程之说不符合经典意旨而予以讨论修正的有 200 多条,其中有对某一条反复辨析三四次乃至七八次的,对程门后学及其他儒者的释说进行辨析的更是不计其数。

随后的十几年间,朱熹着重四书文本的修改与刊刻,1180 年他提及《论语集注》时说应当修改的"什过五六",也就是超过一半要修改。1182 年,他在浙东提举任上将四书首次结集刊刻,因在婺州刻印被称为宝婺本。不过他很快又否定了这个版本,到 1185 年、1186 年,对四书进行了两次较大的修改。1187 年分别由詹仪之印刻于广西静江,赵汝愚印刻于四川成都。然而他还是不满意,并十分苦恼于著作不断受到盗印:《中庸》新本尚未正式刊刻就遭到盗印,《论孟》旧本也被翻印。他觉得这些版本都还需要修改。1188 年,他对《四书集注》又作了一次决定性的修订,并在第二年序定。这个版本有他的学生蔡元定、黄干、程端蒙、滕璘兄弟、董铢等参与修订,他自己非常满意,曾多次对学生说"添一字不得,减一字不得"而且"不多一个字,不少一个字",但直到 1192 年才略微修改后刊印于南康。这个版本很快成为学界的重要教材,十分流行。即使如此,朱熹还是在不懈修改,直到去世前三天还在修订《大学章句》。

从朱熹编著四书的历程中,我们还可看出一点,这是一个不断探索的过程,也是学习、批判,乃至汇通诸家学说后形成独立思想的过程。《四书集注》也不仅仅是一部经典导读,更是一部富有创见与自成体系的哲学著作。所以钱穆先生认为:

朱子毕生,于四书用功最勤最密,即谓四书学乃朱子全部学术中心或结穴,亦无不可。

朱子之四书学，既保持了孔孟之儒家传统，又有所创造发扬；既是经学之结晶，也是理学之结晶；既使经学更加臻于精密，也使理学更加深沉。

但"四书"成为一个与"五经"相对的专有学术概念，乃至四书学的确立，不是仅仅因为本书的刊印，更在于朱熹对四书在经学中的地位以及内在联系的整体把握与系统阐发。一方面，朱熹强调"四书"的重要性在"五经"之上，又是"五经"的基础。他认为，诗、书、易、春秋等经典只是间接地体现了圣人之道，与圣人本意之间已隔有一重两重，甚至三重四重，而"四书"直接记述了孔孟之言。所以要探究与发明圣人之道，就应当精心细求"四书"，登堂入室后再去读"五经"，进一步推究义理。另一方面，朱熹也阐发了"四书"内在的逻辑关系与相互作用，认为应当按一定次序研读，他说：

> 作学问必须以《大学》为先，其次是《论语》，再次读《孟子》，最后再学《中庸》。

《大学》是四书的纲领性著作，《论语》则是儒学的根本，《孟子》是对孔子之道的阐发，《中庸》则深刻微妙，比较难理解，必须读过前面三本书之后才适合探究。

这个次序不仅仅是从难易程度上考虑的循序渐进，更是朱熹四书学体系的逻辑顺序。根据当代学者束景南教授的分析，这是一个复归人性本善的"理一分殊"的心性思想体系：《大学》专讲"德"，《论语》专讲"仁"，《孟子》专讲"心"，《中庸》专讲"理"。《大学章句》的序开篇就论说，人自出生就具备了仁义礼智之性，但因禀受气的不同而不自知，所以天命那些聪明睿智能够保全本性的人当导师，教人"以复其性"，而《大学》正是"入德之门"，从总体上概括了这种复性的思想以及方法,三纲八目就是复归人性本初的宏纲大目。《论语》与《孟子》,一个讲复礼归仁,一个讲尽心知性,是对《大学》中这种复性思想的具体展开。而《中庸》通篇讲了一个"理一分殊",朱熹认为"《中庸》始言一理,中散为万事,末复为一理"。中庸之道指示人们通过十六字孔门心法以道心克人心,达到天理善心的复归。事实上,朱熹的《四书集注》构建了一个系统的理学思想体系,包含了"万理归于一理"的理本论,"心统性情"的心性论,"格物致知"的认识论与修养论,仁政爱民的政治论,"学以明伦"的教育论,等等。

三 《四书集注》的诠释要点

西方大哲黑格尔在他的《哲学史讲演录》中对孔子及其《论语》有一个评述:"我们看到孔子和他的弟子们的谈话(即《论语》),里面所讲的是一种常识道德,这种常识道德我们在哪里都找得到,在哪一个民族里都找得到,可能还要好些,这是毫无出色之点的东西。孔子只是一个实际的世间智者,在他那里思辨的哲学是一点也没有的——只有一些善良的、老练的、道德的教训,从里面我们不能获得什么特殊的东西。西塞罗留下给我们的《政治义务论》便是一本道德教训的书,比孔子所有的书内容丰富,而且更好。我们根据他的原著可以断言:为了保持孔子的名声,假使他的书从来不曾有过翻译,那倒是更好的事。"

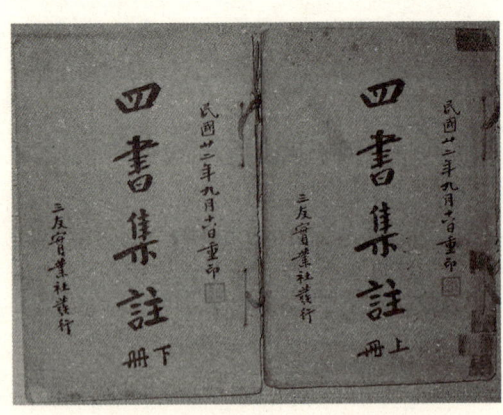

民国三友实业社发行《四书集注》

这个评价不能说是西方哲学界的普遍看法,比如雅斯贝尔斯认为孔子与苏格拉底、佛陀、耶稣一样是人类最伟大的思想范式的创造者之一,而魁奈则直言:一部《论语》即可打倒希腊七贤。

朱子书易系辞之一

但我们必须承认黑格尔所论不无道理,所以楼宇烈先生曾说:原始儒学主要是一些具体的伦理道德规范、治国安邦的实践原则。也就是说,原始儒学告诉你的主要是日常行为中应该做些什么和怎么去做的规范、原则和方法。而对于为什么要这样做,尤其是这么做的根据何在等形而上理论问题则很少探讨,有时即使说到一些,也十分简略。然而,在佛、道两家的学说中,则对世界、社会、人生等问题中的形上学理论有较多和较深入的探讨。这也正是李翱所说的,人们"皆入于庄、列、老、释"的原因。性理学家接受了这个教训,所以他们在阐发原始儒学的基本实践原则时,竭力从形上学理论方面给予提高。性理学是在构筑起了一套"天理"、"良知"的体系之后,才使儒学在形上学理论方面能与道家的"道",佛教的"实相"、"佛性"等形上学理论体系相抗衡。

朱熹在释读四书中所做的就是"在阐发原始儒学的基本实践原则时,竭力从形上学理论方面给予提高"。他不仅仅吸收了汉魏训诂学诠释孔孟文本的原意,更以宋代以来的义理学阐发孔孟所说的那些"所应然"的规范与原则背后的终极根据与原因——"所当然"与"所以然"。朱熹曾给学生举例说,天为什么掉不下来?地为什么陷不下去啊?为什么夏天一拿扇子扇风就来了?什么道理啊?为什么一定要父慈子孝？什么原因啊？天理也。天理，就是朱熹给出的终极根据，也是他释读四书的理论基础。本书将结合朱熹其他一些论著的阐发，重点讨论朱熹的这些理论创见。

（一）《大学章句》的诠释要点

前文已述，《大学》本是先秦儒家经典《礼记》中的一篇，东汉郑玄曾为之作注，唐代孔颖达作疏，北宋司马光著有《大学广义》，其后，二程对《大学》作出改定。

什么是"大学"？郑玄认为"大学"是儒者为政之学：

> 《大学》者，以其记博学，可以为政也。

孔颖达进一步疏解说：

> 此大学之篇，论学成之事，能治其国，章明其德于天下。

他们都是把大学作为治国理政之说。朱熹对"大学"的解读引用了二程的看法"大学者，大人之学也"。何谓大人？指的是"得乎天而虚灵不昧，以具众理而应万事"之人，也就是具足本性的道德完善之人，这就将大学的涵义拓展为修身养性、成贤为圣之学了。大学与小学相对而言，他说：先古之时，上自王宫、国都，下至闾巷，都设有学校，分为小学与大学两个阶段。自王公以下到庶人子弟，8岁就进入小学，15岁进入大学。小学主要是"教以洒扫、应对、进退之节，礼乐、射御、书数之文"，大学则是"教之以穷理、正心、修己、治人之道"。庶人子弟皆可入小学，所以小学可以说是全民教育，大学则要求是王公贵族子弟和"民之俊秀"才能入学，所以是精英教育。小学教育以实践性的规范为主,大学教育则注重理论性的内容。

在此基础上,朱熹对《大学》作出了大胆的勘定。他认为《礼记·大学》有不少错漏,所以根据二程的版本与原文的义理,把原文的内容分为"经"与"传"两部分,从"大学之道,在明明德,在亲民,在止于至善"开始,到"其本乱而末治者否矣,其所厚者薄,而其所薄者厚,未之有也",这部分为"经"。他认为这一部分是"孔子之言,而曾子述之",共205个字。后面的部分,朱熹将其作为"传",一共有10章,是曾子的观点,由曾子的门人记述下来的。此外,朱熹还对"传"文部分的编次加以调整,以符合"经"文部分"三纲领"、"八条目"的内容与顺序。更惊人的是,朱熹认为原本缺少对"格物"、"致知"的解释,竟然增补了一条"格物致知"的传文。朱熹的勘定本因为条理清晰,成为以后的流行版本。

《大学章句序》是朱熹60岁时完成的,不仅解说了《大学》一书的性质与源流,更表达了自己的观点,可以看作是朱熹解读《大学》的指导思想。他认为,人人具有天赋的仁义礼智之性,但是因为禀受的气质有不纯,所以不是人人都能觉知其本性,也不能完善其本性。这就需要那些秉受精纯气质的圣人兴办学校,对普通大众施以教化,以使他们能够恢复本性。

1. 三纲领八条目

经过朱熹的概括与归纳,《大学》的核心内容就是"三纲领"与"八条目"。我们来看他勘定的《大学》的经文:

大学之道,在明明德,在亲民,在止于至善。知止而后有定,定而后能静,静而后能安,安而后能虑,虑而后能得。物有本末,事有终始,知所先后,则近道矣。

古之欲明明德于天下者,先治其国,欲治其国者,先齐其家;欲齐其家者,先修其身;欲修其身者,先正其心;欲正其心者,先诚其意;欲诚其意者,先致其知,致知在格物。物格而后知至,知至而后意诚,意诚而后心正,心正而后身修,身修而后家齐,家齐而后国治,国治而后天下平。自天子以至于庶人,壹是皆以修身为本。其本乱而末治者,否矣。其所厚者薄,而其所薄者厚,未之有也。

朱熹认为明明德、亲民、止于至善,"此三者,大学之纲领也"。由此,"三纲领"成为儒家道德修养、政治教化与理想境界的基本纲领。他进一步对此进行解释,什么是"明德"呢?就是人所秉受于天的本性,它原本是"虚灵不昧"的,但是因为受到"气秉所拘,人欲所蔽"而昏昧了。尽管如此,它的本性依然洁净光明,就如同一面明亮的镜子沾染了灰尘,便昏而不明。但明镜本身的明亮并没有消失,只要擦掉灰尘,就会恢复明亮。"明明德"的第一个"明"就是"使之明",或"显明"的意思。东汉郑玄注为:"明明德谓显明其至德也",唐朝孔颖达疏解说:"章明己之光明之德,谓身有明德而更彰显之",也都有这样的涵义。

"亲民"在孔颖达的疏里解为"言大学之道,在于亲爱于民"。程颐则认为"亲"应当是"新"。朱熹接受了程颐的说法,认为是"新民",意思是说,一个经过大学教育的人,不仅要自己"明明德",还要教化民众,使民众也能够去其秉受的昏昧之气而显明其本性之明德。

"止于至善",在孔颖达那里疏解为"言大学之道,在止处于至善之行",仅仅停留在字面的意思上。朱熹在这里引入了"天理"与"人欲"的观念,将"至善"解释为"事理当然之极也","盖必其有以尽夫天理之极,而无一毫人欲之私也"。提出"天理"是至善的,是根本的价值原则,"止于至善"就是最充分地实现天理,最完全地去除人欲。

从这里也可以看出,孔颖达对大学之道的诠释还是局限于为政,认为一个好的为政者,应该要做到三件事:要以身作则地表现出自己的美德,要亲爱百姓,要以至善为行为目标。这既是仅仅从字面上作解释,也把"明明德,亲民,止于至善"分为三个相对独立的方面。而朱熹的注解不完全是对原文字词的训诂,他是把这三个方面都视为"发明以复其初"的内容,三者都是显明人之内在"虚灵不昧"本性的体现。这种诠释方法就是在进行自己的理论建构,或者说是用自己建构的一套理论观念在诠释原文。这一点,我们将在后文系统分析。

所谓"八条目",就是格物、致知、诚意、正心、修身、齐家、治国、平天下。朱熹说:"此八者,大学之条目也"。这是实现"三纲领"的实践内容与基本方式。八项之中,他特别强调"修身",以此作为根本。在解释"自天子以至于庶人,壹是皆以修身为本"时,他说:

正心以上,皆所以修身也。齐家以下,则举此而措之耳。

就是说格物、致知、诚意、正心都是修身的内在工夫,齐家、治国、平天下是修身的外在实践。他还把八条目与三纲领对应起来:

修身以上,明明德之事也。齐家以下,新民之事也。

需要注意的是,按照朱熹把明德和新民理解成"物有本末"的看法,八条目也就不仅仅是线性的次序,而有着本末关系。内者为本,外者为末。二者又都以修身为中心贯穿,都以修身为根本。

2. 格物致知

在八条目中,朱熹特别强调"格物致知",不仅对经文中的词义作出阐释,还专门撰写了"格物致知"一段。在中国传统文化,尤其是儒家思想中,"格物致知"是非常重要的一个哲学范畴与修养方法,所以这里先对此作一个梳理。

(1) 历代注家解读"格物致知"

在朱熹之前,郑玄、孔颖达、李翱、司马光、二程等学者都对"格物致知"作出诠释。郑玄说,什么是知呢?就是知道善恶吉凶的来龙去脉原因结果。什么是格呢?就是"来"。物,犹如事。如果你深信善与吉,则"来到"或发生在你身上的事情也必定是善和吉的;如果你对恶与凶念念不移,那发生在你身上的事情也必定是恶与凶的事情。这就是说,事情是由人的喜好而来的,致,或许就是"至"的意思。他把"知"局限在对善恶吉凶的知晓上,而且认为"格物"是由"致知"所致,意思是说你对善恶吉凶知晓得越深入,它就会随着你的知晓程度甚至喜好而到来。孔颖达基本沿袭了郑玄的观点,他进一步阐发:事情到来了知也就达成了,事情之善恶吉凶也就明晓了。既然善事来则知善,恶事来则知恶,人由此而知道要行善而不行恶。孔颖达这部分的解读又回复了"格物致知"顺序,表明"格物"与"致知"并非必定是由此及彼的单向逻辑,而是相互可逆的。

郑玄与孔颖达的注解有着"天人感应"的思维模式:你相信什么样的知,就会应验什么样的事。司马光对此作出批评,认为郑玄没有完全表达古人之意。他把"格"解读为"扞也,御也"。他专门写作了《致知在格物论》,认为:

> 人情莫不好善而恶恶,慕是而羞非。然善且是者盖寡,恶且非者实多。何哉?皆物诱之,物迫之,而旋至于莫之知;富贵汩其智,贫贱翳其心故也。

虽然人们都好善厌恶,但现实中仍是善少恶多,就因为都是被物欲所蒙蔽了,所以要获得真知,就必须"能扞御外物,然后能知至道矣",要抵御外物的引诱，不让物欲遮蔽自己的聪明才智，才能获得真知，保持一个人的高风亮节。

唐儒李翱对于"格物致知"的理解与郑玄、孔颖达有较大的不同，他说：

> 物者，万物也。格者，来也，至也。物至之时，其心昭昭然，明辨焉而不应于物者，是致知也，是知之至也。知至故意诚，意诚故心正，心正故身修，身修而家齐，家齐而国理，国理而天下平，此所以能参天下者也。

他认为，物呈现于眼前时，人心便昭昭然明晓此物，明辨万物，却又不为外物所牵，这就叫"致知"。可见，致知并非只是对万物知识的简单把握，而是认识主体（人心）对万物明晓后的一种超然态度，他认为这才是掌握知识的最高境界（"是知之至也"）。因此，按照这种逻辑，李翱就顺理成章地推理出"知至故意诚，意诚故心正"等其他条目来，而意诚与心正等也即是李翱所说的"复性"。格物不止是认识客观事物的方法与手段，重要的是对本性的恢复。这就解决了格物致知何以能够与意诚心正联系在一起的问题。李翱这种格物致知可使人意诚心正的观点，启发了宋代的儒学家们。

二程对"格物致知"的不同诠释开启了宋明理学的两条不同理论路向。相对而言，程颢之说更具心学特征，而程颐则倾向理学的特点。程颢说：

> 格，至也。穷理而至于物，则物理尽。
>
> 物来则知起，物各付物，不役其知，则意诚不动。意诚自定，则心正，始学之事也。
>
> 以心知天……只心便是天，尽之便知性，知性便知天。当处便认

取,更不可外求。

也就是说,大程认为一切知识尽在心中,知识之获得,只向心上求索即可,不必向外找寻。物来时心中固有之知自然应起,识得此物之后也不必被其牵役。如此,我之意志方可诚静不动。意诚自定,则心必然得正,因此,格物之功夫是学习之始。

程颐也认为"知"是内在于人心的,但是不"致"也不能获得。"格物致知"实际是通过"格物"这一功夫将人之内在德性发挥、彰显出来。他训"格"为"穷",训"物"为"理",格物即是穷理。穷理的功夫做足了,知也就至了。他说:

格犹穷也,物犹理也,若曰穷理云尔。穷理然后足以致知,不穷则不能致也。

凡一物上有一理,须是穷致其理。

那么,"知"既然为我所固有,为什么还要"格物"呢?小程说:

致知在格物,非由外铄我也,我固有之也。因物有迁,迷而不知,则天理灭矣,故圣人欲格之。

即格物致知的认识能力,并非由外界灌注给我的,是我本有的能力。但是,知识虽然都内具于我心中,当外接于物时心有所"迁迷"而失去本有能力,内心本来昭明的天理灭息了,因此,圣人教导以格物之工夫复明本心也。

(2) 朱熹解读"格物致知"

朱熹基本承袭程颐的观点,也有自己的阐发,他对"格物致知"这样训释：

> 致,推极也。知,犹识也。推极吾之知识,欲其所知无不尽也。格,至也。物,犹事也。穷至事物之理,欲其极处无不到也。

认为"致知"就是把自己的知识推广至极,"格物"就是彻底穷究事物之理。这样,朱熹的"格物致知"就转为"即物穷理",就是通过接触事物探究其道理来推扩自己的知识。他在《补格物致知传》中说自己揣测程颐的意思撰写了一段补文进一步发挥这个观点：

> 所谓致知在格物者,言欲致吾之知,在即物而穷其理也。盖人心之灵莫不有知；而天下之物莫不有理。惟于理有未穷,故其知有不尽也。是以《大学》始教,必使学者即凡天下之物,莫不因其已知之理而益穷之,以求至乎其极。至于用力之久,而一旦豁然贯通焉,则众物之表里精粗无不到,而吾心之全体大用无不明矣。此谓物格,此谓知之至也。

意思是,之所以说致知在格物,是因为要推广我的知识,必须通过接触事物来探究其道理。这是因为,人心虚灵不昧,本来就有知,天下万物也各具其理。但一般人不能穷尽事物之理,所以就无法让自己心灵的明德扩大至极。所以,《大学》所教,是要使学者在日常生活中"今日格一物,明日格一物",格尽天下之物,如此用力日久,就会在某一天豁然开朗,内外贯通,本心所具的明德也得以彰显发扬。这就达到了知识的极处,也就是至善境界。

朱熹在《大学章句》草定初成时,给江德功写信系统说明了他对格物、致知、穷理的基本观点：

夫天生烝民,有物有则。物者形也,则者理也,形者所谓形而下者也,理者所谓形而上者也。人之生也,固不能无是物矣,而不明其物之理,则无以顺性命之正而处事物之当。故必即物以求之。知求其理矣,而不至夫物之极,则物之理有未穷,而吾之知亦未尽,故未至其极而后已。此谓格物而至于物则物理尽者也。物理皆尽,则吾之知识廓然贯通、无有蔽碍,而意无不诚、心无不正矣。

这里特别值得注意的是,朱熹用了"穷"、"极"、"尽"这样的程度副词,就使"格物致知"由一般性的认识行为或方法转换成具有强烈的目性行为和方法。而在内容上,"格物"是从所有事物上穷其理,"致知"则是吾心无所不知。如此,我们大致将朱熹所理解的"格物致知"归为如下几点:就"格物"言:第一,接触事物;第二,穷尽事物之理。就"致知"言:第一,推极知识;第二,所知无不尽。由是,朱熹的格物致知就具有了这么几个特点:第一,追求完善。在"格物"上加个"穷",在"致知"上加个"尽",这就使"格物致知"具有了"欲望性"和"完善性"特点。"格物致知"不是一般性的认识活动或方法,而是一种具高标准、严要求和明确目标的认识方法。第二,格物与致知是相辅相成的统一体。格物以致知为目的,致知是在格物过程中实现的。致知实际上就是通过探究物理而获得知识的扩充。

致知、格物,只是一事,非是今日格物,明日又致知。格物,以理言也;致知,以心言也。

盖致知便在格物中,非格之外别有致处也。

第三,具有扩张性和延续性。格物致知不可能是阶段性的、局部性的,而是长期性的和全局性的,即在认识事物之理、彰显主体之知上具有扩张性和延续性。朱熹说：

> 穷得一分之理，即我之知亦知得一分。……于物之理穷得愈多，则我之知愈广，其实只是一理，才明彼，即晓此。

这与庄子"知无涯，生有涯，以有涯逐无涯，殆矣"之思想完全不同。

　　陆九渊与明代大儒王阳明循着大程的思路推进心学，提出"心即理"，"心外无物、心外无事、心外无理"，并以此批评朱子的格致论。王阳明尤其反对朱熹补写经文，他重新去除分章恢复古文原貌，编订了《大学古本》。他认为朱熹的即物穷理，以吾心而求理于事事物物之中，是"知在我，理在物"，把心与理分为两端了。既然万事万物的理都是吾心本来具足的，天理就不需要通过格物来彰显，相反，格物是为了去除邪恶归于良善。他把"格"解为"正"：

> 格者，正也。正其不正以归于正之谓也，正其不正，去恶之谓也；归于正者，为善之谓也。

　　进而，他对"格物致知"的解说是："所谓格物致知者，致吾心之良知于事事物物也。吾心之良知即所谓天理也。致吾心良知之天理于事事物物，则事事物物皆得其理矣。致吾心之良知者，致知也。事事物物皆得其理者，格物也。是合心与理而为一者也。"

用我们现在的话来综合他上述的观点，可以这么来说，世界的意义和价值(即所谓的"天理")是我心本来就具足的(就是心与理合一)，而事事物物的价值与意义是由我心"赋予"的，所谓的致知，就是把我心具足的价值赋予到事事物物之上；所谓格物，就是事事物物获得了意义与价值。而要保证事事物物都不偏邪，就必须让我心保持"正"与

"善",就是"致良知"。可见,王阳明的"格物"实则为"格心",不是去探求事物扩充知识,而是一个为善去恶恢复本心的自我修养过程。

当代国学大师钱穆先生为朱熹作出了辩护,认为王阳明批朱熹"析心与理而为二"是不明白朱子思想"大体系所在,亦是其最著精神处"恰恰是"一体两分,两体合一",不能简单说成是两分。而要理解朱熹格物致知的真义,必须对他"理一分殊"的理气论进行探究。这一点,本书后面将详细阐述。

3. 诚意与慎独

在《大学章句》中,朱熹对"诚意"的释读也特别值得注意。这是他去世前三天仍作出修改的一部分内容。他说:

> 诚其意者,自修之首也。

明确诚意作为自身修养的首要与首先地位。以后他还多次强调这一点,认为诚是一个人立身处世的根本,"凡人所以立身行己,应事接物,莫大乎诚敬",进而也是修业的根本,"惟立诚才有可居之处,有可居之处才可修业"。因此,诚对于君子人格的养成有着至关重要的作用:

> 故人之心一有不实,则虽有所为,亦如无有,而君子必以诚为贵。

从诚的本义来说,朱熹继承了二程解为"真实无妄"的涵义,对经一章"诚意"的注释为:

> 诚,实也。意者,心之所发也。实其心之所发,欲其一于善而无自欺也。

这里用的"一于善",他在生命最后一刻修改为"必自慊",是力图与原文相对应。《大学》原文说:

> 所谓诚意者:毋自欺也,如恶恶臭,如好好色,此之谓自谦,故君子必慎其独也。

谦,为慊的通假字,读"qie"的去声,满足的意思。朱熹把诚意与修身紧密结合在一起:修身,就是诚心诚意地为善去恶。诚意,就是要使人的意念所发,与本心一样保持真实无妄,就像讨厌恶臭,喜好美色都是发自内心一样,这才是不自欺,才能感到内心自足。

在这里,朱熹还以"实用其力"来表达必须将心中之实贯彻在行动中,知行合一,才是"实",才是诚意。而"实"与"不实"的主要表现,就是能否"慎独"。朱熹这样解"慎独":

> 盖有他人所不及知而己独知之者,故必谨于此以审其几焉。

他进一步阐释说,小人在别人看不见的时候做了坏事,见到他人就会极力掩饰,说明并不是不知道要为善去恶,只是不能"实用其力"而已,这实际是种自欺行为。而君子无论在什么场合,不管别人是否能看见,都能端正自己的行为,尤其是在他人看不见的场合,更警惕自己的行为甚至思虑都要符合道德。所谓"诚于中,形于外",虽然在独处之地,但对自己的认识,对善恶的辨认,就如对自己的五脏六腑一样清楚,无法遮掩。所以只有"慎独"才能"心无愧怍",也才能心广体胖。这才是"诚意"的表现。

还要说明一点,另一部儒家典籍《中庸》也对慎独进行了深入的探讨。如果说在《大学》中提出了慎独在修身中的重要性,那么在《中庸》中更多揭示了慎独的哲学根据。我们来看《中庸》原文：

> 道也者，不可须臾离也，可离非道也。是故君子戒慎乎其所不睹，恐惧乎其所不闻。莫见乎隐，莫显乎微，故君子慎其独也。

朱熹对"慎独"的阐释与《大学章句》基本一致，他说：

> 独者，人所不知而己所独知之地也。言幽暗之中，细微之事，迹虽未形而几则已动，人虽不知而己独知，则是天下之事无有著见明显而过于此者。是以君子既常戒惧，而于此尤加谨焉，所以遏人欲于将萌，而不使其滋长于隐蔽之中，以至离道之远也。

综观朱熹前后的注文，他把"慎独"与"道"、"理"、"心"和"人欲"结合起来，论述了慎独的终极根据在于天理。在他看来，人们在日常事务中所应当实行的当然之理，就是道。这是"本于天而备于我"的，也就是说，心本具足此理此道，不能片刻脱离。所以，君子在独处之地、独知之时，要更加谨戒，以防起心动念的苗头处，"人欲"滋长于隐微之中，而使人远离天理。

由此可以看出，若要深入理解朱熹对于"诚意"与"慎独"的阐释，必须进一步探讨他关于"理"、"心"与"人欲"的涵义，我们将在后文继续叙说。

在《大学章句》中，朱熹还强调，按照经文所表达的次序，"知至而后意诚"，诚意必须以致知为前提，更不可能脱离格物致知。不以格物致知为基础和前提去诚意，就会有不清楚明白之处，也就不可能"实用其力"而导致自欺。

总的看来,《大学章句》赋予《大学》一种心性论的诠释,而突出心性功夫:以"明德—气禀—复其明德"为基本线索,以"明德"为心的本然之体与人的本然之性,但因气禀驳杂而有所蒙蔽,所以必须不断学习,遵照"格物致知"为起点的顺序,以"诚意"、"修身"为核心,循序渐进,才能最终"明"其"明德"而止于至善,治国而平天下。

(二)《中庸章句》的诠释要点

当代大儒杜维明先生认为:"《中庸》,在儒家传统中是一部极为重要的经典。两千多年来,《中庸》作为《五经》之一《礼记》中的重要一篇,在中国思想史上一直是创造性心灵的灵感的源泉。从伟大的儒学综合大师朱熹把《中庸》选作《四书》之一时起,它对传统的中国教育所产生的影响就和《论语》同样深广。"

同《大学章句》一样,朱熹在编订《中庸章句》时,对原本《中庸》的次序与结构都做了修订,分成33章。根据论述内容又分上下两个部分,从第1章到第20章是上半部分,主要是子思阐明孔门心法的言说,其中多引用孔子的原话,重点是对中庸的本义进行诠释,认为中庸是天道与人道赖以存在的内在根据与运作法则,同时又是仁人君子所必须遵循与守持的高贵品德。第21章到第33章是下半部分,是子思为阐明儒学心法与圣者风范的立论,主要围绕"诚"的观念,讨论"尽性"、"合内外之道"、"参赞天地之化育"、"极高明而道中庸"等问题。

在序言中,朱熹提出了道统论,即传承正统儒家学说的谱系,认为子思作《中庸》就是为了延续儒家之道,他说:

《中庸》何为而作也?子思子忧道学之失其传而作也。

首先为儒家明确道统的是韩愈,他针对佛教的传法世系,制定了儒家的传承系统:

> 尧以是传之舜,舜以是传之禹,禹以是传之汤,汤以是传之文、武、周公,文、武、周公传之孔子,孔子传之孟轲,轲之死,不得其传焉。荀与扬也,择焉而不精,语焉而不详。由周公而上,上而为君,故其事行;由周公而下,下而为臣,故其说长。

他指出,以"仁义道德"为核心的儒家思想在孟子去世后就失传了,所以要禁止佛老之道,才能推行儒家之道。朱熹则首先使用了"道统"一词,并进一步细化了这个谱系,他认为儒家的道统之传始自尧舜禹,此后,圣圣相传,历经汤、文王、武王、皋陶、尹伊、傅说、周公、召公这些君臣,然后是孔子虽然没有官位,但"既往圣、开来学",承前启后,"其功反有贤于尧舜者"。孔子以后,颜回、曾子得其正宗,再传至孔子的孙子孔伋(字子思)。至此,离去圣贤已经久远而且各种异端学说兴起了。所以子思作《中庸》,以昭示后来的学者。只有孟子明晓本书的意旨,能够"承先圣之统",可惜此后就失传了。幸好书籍流传下来,直到二程兄弟考究其深意,得以"续夫千载不传之绪"。

朱熹自己以二程的私淑弟子为名,融汇了二程及其弟子对《中庸》的解释,完成了《中庸章句》和《中庸或问》两部著作,他虽自谦"道统之传,不敢妄议",但对本书还是颇有自得:

> 此书之旨,支分节解、脉络贯通、详略相因、钜细毕举,而凡诸说之同异得失,亦得以曲畅旁通,而各极其趣。

需要特别注意的是,朱熹在序里界定儒家道统的核心是 16 个字心法：

> 人心惟危，道心微微，惟精惟一，允执厥中。

所以在序文中他系统阐发了道心人心之说，并以道心、人心对应于性、命来诠解《中庸》。

1. 心与性

德国哲学家卡西尔说："认识自我乃是哲学探究的最高目标。"古今中外，莫不如是。不过中西方哲人在探讨与表述的方式等方面存在较大差异，无论是苏格拉底的"认识你自己"，普罗泰戈拉的"人是万物的尺度"，还是亚里斯多德的"人是政治的动物"等等，他们将这一类的探讨称为"人的本质"理论或"人性论"。中国的思想家们则以"心"、"性"或"心性"来表述这个问题，称为心性论。

在中国哲人的语境中，心与性都有着多重的涵义。心有主宰、知觉与本体等意蕴，性也有本然、本体等用法。本节重点讨论关于心的论说。早期的典籍《易经》《尚书》《诗经》《左传》等已经频繁使用"心"，主要指人的物质与思维器官，但还没有成为一个独立的哲学范畴。先秦时期，孟子、荀子和庄子从哲学意义上对"心"作出了较为系统的阐发，以后历代思想家都十分注意阐释这个范畴。根据蒙培元先生的概括，在中国哲学语境中，"心"有三种主要涵义：一是道德之心，指人的情感心理升华而形成的道德意识，是道德理性范畴；二是理智之心，指认识事物的能力，是认知理性范畴；三是虚灵明觉之心，指虚而明的本体状态或精神境界，是超理性的本体范畴。

(1) 先儒论心

孟子曾就学于子思的门人，被认为继承了子思的学说，常并称为思孟学派。孟子论心的最大特点是将人类社会中的仁义礼智等道德原则的根源归结到心，使心具有了伦理属性，他说"仁义礼智根于心"，并且这是人天生所具有的。

> 仁义礼智，非由外铄我也，我固有之也。

具体而言，包括恻隐之心、羞恶之心、辞让之心和是非之心，这四心是仁义礼智的发端之处。孟子认为这四心是人区别于动物的特性，也是人之所以为人的根本所在，所以这就是人的本性。虽然仁义礼智之心人人具有，但也需要平时的操存和护养，否则就会丧失而产生恶的行为，"此其谓失其本心"。本心若失，就需要寻找回来，"学问之道无他，求其放心而已"，放心，就是失去的本心。本心为什么会失去呢？主要来自声色利欲的诱惑，所以养心之道就在于寡欲，"养心莫善于寡欲"，这是孟子修养论的核心。以性善论为基础，孟子在政治上提出了仁政学说，认为只要君主能够扩充自己的不忍人之心，就能施行仁政。在孟子的思想体系中，心还是上达天道的关键。他认为，心与耳目口鼻都是人的生理器官，但心还具有思维和认识功能，"心之官则思"，这也是天所赋予的。因为耳目口鼻等器官不具备思维和认识的功能，往往会被物质欲望所诱惑，逐物而迁。而心则通过其思维与认识功能，会对自身的善性有所认识，进而上达天命与天道。

> 尽其心者，知其性也。知其性，则知天矣。存其心，养其性，所以事天也。

尽心、知性、知天，既是一个认识过程，也是一个道德修养的过程，最终所达到的就是天人合一的境界，在这种境界中，"万物皆备于我矣，反身而诚，乐莫大焉"。

由此可以看出,孟子所论之"心",是一个贯通人性论、认识论、修养论、政治观和天道观等领域的一个重要范畴。他的论述,对其后的中国哲学产生了重要的影响。当然,从他的论述中,我们也可以看到不少《中庸》所阐发的思想。

孟子论心主要强调的是心的道德内涵,且基本是与性合而论之。荀子则将心与性分开,认为性是"生之所以然"者,即自然本能,而心则是人的知觉功能,且具有主宰性。他认为,心具有思维和认识功能,"心生而有知",是人不学而能、与生俱来的天生资质。而心之所以能"知道",或者说,心如果要"知道",在于"虚壹而静",这是一种心境清明的状态,"虚壹而静,谓之大清明",达到了这样一种境界,世界万物没有不显现于眼前的,没有看见而不能论述的,没有论述而不恰当的。即使坐在室内可以了解天下,生活在今天而谈论远古,洞察万物而认识他们的真相,考察验证治乱的道理而通晓它的规律,治理天地而利用万物,掌握事物的根本规律,而使宇宙万物都有了条理。荀子特别强调,如果清明状态受到外物和利欲的诱惑而受到扰乱,心就会受到蒙蔽而扭曲其是非判断的能力,"凡人之患,蔽于一曲,而暗于大理",所以要养护心,方法有两种,一是导之以理,养之以清;一是致诚,"君子养心莫善于诚,致诚则无他事矣"。心通过"虚壹而静"而"知道"的过程,也是心之能动性、主宰性的展现。他说:

> 心者,形之君也,而神明之主也,出令而无所受令。自禁也,自使也,自夺也,自取也,自行也,自止也。

心是身体与精神的主宰,能够向身体发出指令而无须接受指令,也能够自我主宰。在荀子这里,知觉之心与主宰之心是统一的,知觉之心认识事物,主宰之心则判断是非,"化性起伪",通过礼法来改变人的本恶之性。

汉儒董仲舒构建的是天人感应思想体系,他把心分为天心与人心,认为人心与天心相副。在他的思想中,天是创生万物的人格化的神,具有喜怒哀乐的感情和赏善罚恶的意志,这就是天心,天心通过阴阳之气的变化而表现出来。人心的喜怒哀乐仁义忠信也都是天心的体现。天心尊德卑刑,所以人君也应实行仁政以合天心,不可暴虐滥杀,否则天心会降灾以谴告。

到宋代,张载对心性关系作出了比较深入的讨论,提出了理学心性论的许多重要命题。他说:

合虚与气,有性之名;合性与知觉,有心之名。

意思是天地万物之性由无形的太虚与有形的气共同决定,心则具有知觉天地万物之性的功能。进一步说,心包含着性与知觉两个层次,性是本体,知觉是作用。性通过知觉体认而表现出来,不是心外另外有性,而是心中先验地具有性,所以"心能尽性"。二程发挥张载的思想,并吸收了佛教的心体用说,建立了理学的心性合一论。认为心如谷种,性则是生长发育之理,二者不能分开。离开心,便无性,性是心之所以为心的内在根据。

心即性也。在天为命,在人为性,论其所主为心,其实只是一个道。

二程还将心分为人心与道心。人心指的是具有知觉功能的物质器官,"人心莫不有知",人心与外在事物接触而产生思虑,由此而认识事物之理。道心则是具足天德的天理,是一切仁义礼智等伦理规范的价值根据,就此意义而言,心即天,天即理。

(2) 道家与佛教论心

老庄以"道法自然"为主旨,《老子》和《庄子》内篇都没有"性"字,关于"心"的论述都有,可见他们也是将心、性分别而论的。没有明言性,并非没有关于人之本性的观念。实际上,《老子》之"德"与"命"、"朴"与"素"、"赤子"与"婴儿",《庄子》之"德"、"真"和"性命之情"等概念,都是对"性"的描述,根本特征就是"自己如尔"的本然之性,这也是"道"的基本特征。就是说,符合"道"的人才是本性之人,或者说是人之本性。这样的自然人性论隐含这样两个价值判断:其一,"自然的"和"本来的",符合"道"的,就是"好的",也就是说自然的或本然的状态或属性是最完善不过的;其二,保持自然状态或本来面目,不假人为,就是"好的"。这两个价值判断部分地构成了以精神逍遥为归宿的道家伦理学的基础。

老庄是从思维与认知能力的涵义上来理解"心"的,但是与儒家不同的是,儒家论心,无论是否与性合一,都是有主宰性的,用现在的话说,是有意识的有目的有计划的,或者以性为认识内容,或者是要发明本性,其指向都是至善的或清明的本性。但老庄恰恰否定心的主动性,认为本性自然,所以老子要人"虚其心",去知去欲,保持无知无欲的状态,才能达到与道相符的境地,而成为至真之人。庄子将老子的"虚心"发展为"心斋"之说,就是通过专一心志使心处于一种虚静状态,这才能与道合一,就会心明如镜,对外物不将不迎,像气一样虚而待物,故而不随物迁,不为物累,达至逍遥境界。魏晋时期,玄学集大成者郭象又提出"无心"之说,也是指去除了思虑与一切滞碍以达到一种是非得失"不经心"、"不以心"的状态,"神人者,无心而顺物者也",就如道之"无为而无不为"一样,"无心而无不顺",人能无心,则与无为之道合一,就达到了神人的境界。

佛教传入中国之后，其独特的思维方式丰富了中国心性学说。"心性"一词就是首先出自佛经的。印度佛教的心性论与缘起论、业报论、解脱论密切关联。缘起论认为，一切存在都是因缘而起。佛陀在菩提树下证悟到"十二因缘"，认为任何一个有情众生，都是一个由12个环节按顺序组成的因果链条，在获得解脱之前，依此因果律念念不住，"生生于老死，轮回周无穷"。其中的"无明"和"识"就属于心的范畴，也就是把心识归结为缘起论的重要因素。佛教还认为，众生的心性有染净之别，染性是生死轮回的根源，净性是成就正果的根据。众生的心常为烦恼所染污，这就会导致恶行，带来恶报，人生的痛苦也就不得解脱。若要获得善报，得到解脱，就要开发心的清净性，经过修持成就正果。所以，印度佛教的心性问题主要是论证众生如何通过修持去除烦恼得解脱而达到永恒快乐的涅槃境界。

这里特别要注意的是，印度佛教以染净论心性，中国儒家等以善恶论心性。染，指的是染污，染著（执著），充塞着烦恼；净，则是清净，不执著，远离烦恼。染净包含了善恶，但主要对应的是烦恼与惑这样的心理状态，伦理色彩远不如善恶那样分明。佛教的另一个特别之处是其本体思维，提出"心体"说，把主体精神说成超越的、普遍的绝对存在，"心体"就是性，是成佛的内在根据。所谓"自性清净心"指的是无杂无染、排除一切情感欲望的本体之心或"心体"，也就是性。至于"知虑之心"则必托缘起，有生灭变化，是"心用"。由用入体，心即是性。中国化佛教的禅宗更是倡言"明心见性"，以心为性，体用合一，知觉之心就是本觉之心，说"真如之性，即是本心"。

以上种种诸说都为朱熹论心性提供了丰富的资源，朱熹就是在博采众家之说的基础上，通过注解四书，尤其是《中庸》提出了自己的心性之说。

(3) 朱熹论人心与道心

再来看看朱熹在《中庸章句》里的论说。序文中，朱熹说：

> 心之虚灵知觉，一而已矣。

人人都有知觉能力，就知觉而言，有时指知觉能力，有时指知觉的内容。就知觉内容而言，心是有善恶、邪正之分的。他曾专门针对知觉为仁的观点提出批评说：

朱熹于1176年回乡祭祖时栽种的杉树

> 觉者是要觉得个道理，须是分毫不差，方能全得此心之德，这便是仁。若但知得个痛痒，则凡人皆觉得，岂尽是仁邪？

反对以一切知觉活动都作为道德意识，认为将知觉痛痒作为仁就降低了仁的道德涵义。所以他将心分为"人心"与"道心"：道心源于天地之性，人心源于气质之性；道心为仁义礼智，人心为感性欲望；道心微妙而难见，人心不定而危险。不过道心人心本来就只是一个心，只是从不同方面来说的：

> 只是这一个心，知觉从耳目之欲上去，便是人心；知觉从义理上去，便是道心。

道心是义理之心，人心是人欲之心。人人都具有这二心，即使是圣人也兼具道心与人心。

在朱熹看来，心不仅是人的知觉，也是人的主宰。因为人之生都秉受天地之性与气质之性，所以无论凡圣智愚，道心人心二者都存在于心中，若不予理会，那么人欲之私就会压倒天理之公，而且，人心也不完全是不好的，所以不言凶咎，只言危。他举例说，饥欲食渴欲饮，这是人心。但食其所当食，饮其所当饮，才会不失道心。如果饮盗泉水，食嗟来之食，就是人心胜而道心亡了。人心就变得危而又危，道心也会更加隐没难见。这就必须精细地辨察道心人心，所以，一定要以道心为主宰来统率人心，"必使道心常为一身之主，而人心每听命焉"，让道心成为主宰，使人心服从道心的统领。他还是举例来说明，人心就像一条小船，道心就是船舵，只要把握好船舵，那么无论去哪里就全听凭我的操纵了，这样才会使危险的人心得以安定，细微的道心得到彰显，人的行为也会无过无不及而达到"中"。

《中庸》开篇就是：

> 天命之谓性，率性之谓道，修道之谓教。

朱熹在注释中首先明确"命，犹令也。性，即理也"。实际上是以"天理观"替代了"天命观"。在中国传统思想，包括儒家学说中，"天"具有至高无上的绝对的主宰地位，既指客观存在的宇宙之全体，也指人类社会的价值本原。朱熹以"理"解"天"的方式来确立"理"的地位，一方面把"天"纳入到理学的轨道，另一方面则把"理"提高到与"天"处于同一个层次、可以彼此互换的范畴，具有了与"天"同等的地位，使"理"具备了"天"的一切特性，被称为"天理"，从而成为朱熹思想体系最高的本体范畴。

朱熹进一步说明,天是以阴阳五行的方式化生万物的,在这个过程中,一方面阴阳五行之气聚合而成万物的形体,另一方面,理也赋予万物而成为其本性。人也是这样,在秉受了所赋予的理之后,就有了"健顺五常之德",就是人性。人与物各循其本性而行,就是道,道就是行为的当然之则。每个人的人性是一样的,但是因为秉受的气有清浊厚薄之别,表现出来的行为就会有善恶之分,所以需要圣人根据人之本性来制定礼、乐、刑、政,来规范人的行为,这就是教。

朱熹还特别强调,《中庸》开篇的这三句话所说的性、道、教都是"本原出于天而不可易,其实体备于己而不可离"。"本原出于天"是指根源于天,来源于天;"备于己"指完全具备于人自身之内。这就将人道与天道贯通在一起,为人道确立了一个终极依据与根源。朱熹还指出,《中庸》全文的要点就是:

> 学者于此反求诸身而自得之,以去夫外诱之私,而充其本然之善。

人性本来是善的,因受外在的诱惑而产生私欲,人的修养就是反求于己,通过存养省察等方式来克服私欲以恢复本性。这也就是"尽性",能够尽己之性,就可以尽人之性;能尽人之性,则能尽物之性;能尽物之性,那么人就可以襄助天地一切化育万物了。

那么,怎样才能尽性,或者说尽性是怎样体现的呢?这就是"诚"与"明"。

2. 诚与明

诚的本义是说话真实、信守承诺,是对一个人品格的表述。《中庸》用这个字从"真"的角度来表述天道,从而使之成为一个儒家的核心范畴。朱熹以自己的天理论、心性论、修养论对之进一步诠释,重

点表述了以下几个方面:

其一,诚是天与人共同具有的本性与原则,是天道之实然与人道之应然。

> 诚者,天之道也;诚之者,人之道也。

天的本性与原则就是诚,人也应当以诚为原则。朱熹对诚的解释与《大学章句》一致,"诚者,真实无妄之谓",并认为这就是天理之本然。而那些圣人之所以能够不必费力,不用思虑,举止行动自然符合中道,就是因为完满具足了天理,"圣人之德,浑然天理,真实无妄"。对一般人而言,因为仍有"人欲之私",品行都不够真实,就应该以诚为准则,通过固守善行,"博学之,审问之,慎思之,明辨之,笃行之",果真这样努力了,即是愚昧的人也会聪明起来,软弱的人也会刚强起来。他还说,闻道有早有迟,行道有难有易,但只要能自强不息,就一样能够达到至诚的境界。

其二,诚也体现于万事万物。《中庸》认为,不仅天与人的本性为诚,万事万物也是诚的体现,"诚者,物之始终,不诚无物"。朱熹以他的"理本论"来解释本句。

> 天下之物,皆实理之所为,故必得是理,然后有是物。所得之理既尽,则是物亦尽而无有矣。

认为天下一切事物都是由理所决定的,有理而后有物,无理则无物。当然,这里所说的理先物后,主要是从逻辑上来说的,指万事万物都是理的体现。正因为如此,诚是天、人与物贯通或合一的基础,所以,一方面,人可以通过认识自己至诚的本性而通达万事万物。

唯天下之至诚,为能尽其性;能尽其性,则能尽人之性;能尽人之性,则能尽物之性;能尽物之性,则可以赞天地之化育;可以赞天地之化育,则可以与天地参矣。

另一方面,也可以通过扩展自己的本性而与物合一,"诚者非自成己而已也,所以成物也"。至诚之人,不仅是完善自我,也应当成就事物。朱熹认为,成己与成物是一体的,成己是本性之仁德,成物则是仁德发用而表现出的智慧。

其三,诚是人伦准则与治政根本。与《大学》一样,《中庸》也提出了一套修身治国的基本原则,这就是"三达德":智仁勇;"五达道":君臣、父子、夫妇、兄弟、朋友;治政"九经":修身、尊贤、亲亲、敬大臣、体群臣、子庶民、来百工、柔远人、怀诸侯。处理好君臣、父子、夫妇、兄弟、朋友等各类人际关系,需要具备智仁勇三种品性,而治政之要在于得人,得人在于正己,正己在于修身,修身的根本是仁义,仁义最首要的就是亲亲与尊贤。朱熹在阐释中特别强调,所有这些又都以诚为基础,没有诚,就没有"三达德",治国九条也只能成为一纸虚文。

唯天下之至诚,为能经纶天下之大经,立天下之大本,知天下之化育。

在《中庸》与朱熹的注释中,诚还不仅是一种存在状态或本性,也是一个不断生成与发展的生生不息过程:

诚者,自成也;而道,自道也。
故至诚无息,不息则久,久则征,征则悠远,悠远则博厚,博厚则高明。博厚所以载物也,高明所以覆物也,悠久所以成物也。博厚配地,高明配天,悠久无疆。如此者,不见而章,不动而变,无为而成。

所以它是在时间上无限而永久,在空间上博大而深厚,在性质上高远而明朗,与地一样载负万物,与天一样覆盖万物,它也能成就万物。这样,诚就堪与天地相匹配,能够不去表现就能彰显,不必行动就能改变,无所作为而无所不成。朱熹说"此言圣人与天地同用",达到至诚的圣人与天地合一,所体现的作用与境界与天地一样。

那么怎样达到至诚的境界呢?《中庸章句》通过阐释"自诚明,谓之性;自明诚,谓之教。诚则明矣,明则诚矣",提出了两种方式。圣人秉受气质清明纯粹,不待修为就与天合一,其至诚本性自然显明,但其他人都必须通过博学、审问、慎思、明辨、笃行等不同的方式,去学知明晓善,践行充实善,才能达到诚。这个"明"的过程就是"教",这与《中庸》开篇的"修道之谓教"的"教"一样都是一种教育过程。不过这个教育过程归根到底是一种自我认识、自我显明的过程,一个去妄归真的过程,因为所有人都本具"诚"之天性,只是被驳杂之气蒙蔽,需要清除而已。

朱熹还通过阐释"故君子尊德性而道问学,致广大而尽精微,极高明而道中庸,温故而知新,敦厚以崇礼",将诚与理、存心、致知、中庸、礼等贯通。认为君子既要尊崇德性,又要讲求学问;既要充实广大,又要穷尽精微;既要有高明的识见,又要有合乎中庸的行为;既要熟悉旧的知识,又要不断认识新的事物;既要笃实厚道,又要遵循礼仪。朱熹说,德性就是人所秉受于天的正理,尊德性就是通过"存心"来涵养敬持自己的至诚之本性,"不以一毫私意自蔽,不以一毫私欲自累"。道问学则是通过"致知"来辨明义理没有差错,处事无过无不及,不断扩展其所知,不断改正不够谨严的地方。二者相辅相成,都是达到圣贤至德的方法与路径。

3. 中与庸

毛泽东曾说:"孔子的中庸是孔子的一大发现,一大功绩,是哲学的重要范畴,值得很好地解释一番。"可是自"五四"以来,尤其是"文革"期间,在否定儒家乃至中国传统文化的潮流中,很多思想范畴都被批判性或者是庸俗化解读,造成很多误会。比如中庸,就被普遍理解为没有原则的折中、不思进取的平庸,成为圆滑、怯懦、虚伪的代名词。因此,有必要多用些笔墨来梳理下中庸的本义与演变,当然重点还是放在《中庸章句》的阐释上。

(1) 历代注家解读"中庸"

有人曾说,中国之所以"中"为名,就因为"尚中"。这是有一定依据的,在《周易》《尚书》等早期典籍中就有了比较丰富的尚中思想。"中行"、"中正"、"得中"等用法在《周易》比比皆是,所以清代学者钱大昕说:

> 故尝谓六十四卦,三百八十四爻,一言以蔽之,曰中而已矣。

《尚书》也推崇中正之德,认为实行王道要"无偏无党,王道荡荡;无党无偏,王道平平;无反无侧,王道正直",为人要"尔克永观省,作稽中德"等等。

把"中"与"庸"连用而为"中庸"是孔子的发明,在《论语·雍也》中记述了他的一句表述:

> 中庸之为德也,其至矣乎,民鲜久矣!

中庸是最高的道德标准,很少有人能够做到。但是中庸的具体内涵是什么,《论语》中没有直接阐明,根据相关的一些语录可以判断,中庸表述一种无过无不及的立身与行为准则,"过犹不及",既不要过分,也不要不足。如"不得中行而与之,必也狂狷乎!狂者进取,狷者有所不为也",狂者冒进而狷者拘谨,中行才是恰当的。在对君子品行的描述中有:

> 君子矜而不争,群而不党。
> 君子惠而不费,劳而不怨,欲而不贪,泰而不骄,威而不猛。
> 质胜文则野,文胜质则史,文质彬彬,然后君子。

这些都是要求在"过"与"不及"的两端之间做到恰如其分、恰到好处。

《中庸》引用孔子的言语对中庸作了进一步的阐发,认为中庸之德是区分君子与小人的标准,"仲尼曰:君子中庸,小人反中庸"。并且是圣人治国之方,认为舜之所以能成为大智的圣人,就在于能够好问兼听,隐恶扬善,实行"执其两端用其中于民"的中庸之道。《中庸》的新思想是以"和"论"中",提出"致中和":

> 中也者,天下之大本也;和也者,天下之达道也。致中和,天地位焉,万物育焉。

认为"中"是天地万物得以存在的终极根据,"和"是万事万物存在的和谐状态与规则,天地万物也只有在达成"中"与"和"的协调中才能有序地存在与发展。人是通过性情来体现天地之道的,人的喜怒哀乐之情未发之前的不偏不倚的状态就是"中",发露出来无过无不及符合礼法就是"和","喜怒哀乐之未发,谓之中;发而皆中节,谓之和"。较之孔子的中庸,《中庸》的中和论已经有了很大的发展,孔子的中庸只是一种伦理规范,《中庸》的中和论则是探讨天地之本的宇宙论和人道根源的人性论。

朱熹手书"韦斋旧治"碑。宋乾道七年(1171年),朱熹回到尤溪,瞻仰朱松任尤溪县尉时的衙署遗址,亲书"韦斋旧治",当时知县为之刻石立碑。"韦斋旧治"四字,书法刚健,结构奇雄,笔力苍劲,运笔飞逸。

孟子没有用过"中庸"一词,但对孔子的"不得中行而与之,必也狂狷乎"进行了解释,认为孔子也想行中道,只是不可必得,只能退而求其次。他主要以"中道"来阐释"中",认为中道是人们应当遵守的行为准则,不能因为人们无法达到而废除。

> 大匠不为拙工改废绳墨,羿不为拙射变其彀率,君子引而不发,跃如也。中道而立,能者从之。

他还指出,"中"并不是简单的两端取其中间,而是应当与权变相结合,在动态中把握原则,如果不根据实际情况执行,其实也是极端的行为,"执中无权,犹执一也"。他举例说,男女授受不亲是礼节,但当自己的嫂子落水时,若拘泥于此不予救援就是豺狼,而施以援手才是"权"之中道。

董仲舒则承袭了《中庸》"致中和"的思想,也把中和作为天地之道以及天地生成之本,也是天地秩序的表现与最高准则,不符合中和的事物与行为必须要纠偏才能成功。

> 天地之道,虽有不和者,必归之于和,而所为有功;虽有不中者,必止于中,而所为不失。

所以圣人也应当以中和之道来治理天下,"能以中和理天下者,其德大盛"。他还认为中和也是人们养生的关键,"能以中和养其身者,其寿极命",如果人在衣食住行心理情绪等方面都保持适中,使得"中和常在乎身",就能身心健康,延年益寿。

汉末魏初,刘邵再论中庸,将它作为人物品行的最高标准。他结合五行来对人的材质进行划分,认为金木水火土五材是构成人的自然材质,表现为仁义礼智信五常,五材有所偏取的是"偏至之材",而五材都具有则是"兼德而至,谓之中庸",这样的人"咸而不碱,淡而不醋,质而不缦,文而不缋;能威能怀,能辨能讷;变化无方,以达为节",在不同的情境下,能够表现出不同的个性特点,却又都适度合礼。

两宋时期,《中庸》受到儒家学者的高度重视,中庸的内涵被进一步阐发,基本达成了共识性的理解。二程阐释中庸:

> 不偏之谓中,不易之谓庸。中者,天下之正道,庸者,天下之定理。

认为中庸是天道运行的恒常规律与准则,天地阴阳之化,日月寒暑昼夜之变,都要遵循此道,而且是"事事物物上皆天然有个中在那上,不待人安排也"。他们也循孟子以"权"释中,认为"执中而不变通,与执一无异",要根据具体情况的变化进行权度,做到恰到好处就是把握了中道,这就是所谓的"时中"。

(2) 朱熹解"中庸"

在《中庸章句》的题解中,朱熹对"中庸"这样诠释:

> 中者,不偏不倚、无过无不及之名。庸,平常也。

既吸收了传统儒家与二程的思想,又有自己的发挥。他认为恰到好处是"中"的真正含义,"中"就是个比喻式的用法,事物本身就有个恰到好处的道理,不偏不倚,无过无不及,所以"见诸行事,各得其中",在具体行事时,要"执其两端而量度以取中,然后用之",根据不同的情况或变化进行权衡,以求恰到好处,"中无定体,随时而在"。他曾举例说,比如有功当赏,有的说应该赏万金,有的说当赏千金,还有说百金、十金的。两端是万金与十金。若只是去其两头而取中间,就会这头偏多,那头偏少,这不是中。真正的中是根据实际情况,当赏万金就赏万金,当赏十金就赏十金,当赏千金就赏千金,当赏百金就赏百金。

朱熹显然十分清楚孔子之中庸与《中庸》之中和的差别,他试图予以调和,说《中庸》以和言中,虽然字不一样,但意思是一样的。

> 以性情言之,则曰中和;以德行言之,则曰中庸。

中和是从内在性情来说的,中庸则是外在德行的表现。他进而言说"中庸之中,实兼中和之义",但在诠释《中庸》的"致中和"论时,他是循着《中庸》的思维方法,以宇宙论、体用论的观念来解读"中庸"与"致中和"的。为什么《中庸》说中是天下之大本,和是天下之达道呢?

朱熹以体用论来解释,因为天命之性是浑然一体的。从体的角度来说,就称为中;从用的角度来看,就是和。中是天地万物存在的终极根据,所以叫大本;和是天地万物存在的形式,所以叫达道。世界处于或达到中和状态就会正常运行,生生不息,"天地位焉,万物育焉"。若不能"致中和",就会出现山崩川竭、生物夭折的情况。在这里,朱熹以"理"释"天",强调:

> 大本者,天命之性,天下之理皆由此出,道之体也。

显然,中和已不仅仅是一个伦理规范层面上的道德品性,而是天之道了。朱熹进而以天人合一观来说人之道,认为"道之本原出于天而不可易,其实体备于己而不可离",所以"盖天地万物,本吾一体,吾之心正,则天地之心亦正矣;吾之气顺,则天地之气亦顺矣,故其效验至于如此"。所以,做学问也当以"致中和"为目标与追求,要以戒惧、慎独等存养省察的修养功夫保持无偏无倚之中的本性,这样才能显现和的状态与境界。他以性情体用论来解说《中庸》的喜怒哀乐已发未发,说:

> 喜怒哀乐,情也。其未发,则性也,无所偏倚,故谓之中。发皆中节,情之正也,无所乖戾,故谓之和。

性为体,情为用;性为中,情为和。他由此又提出"心统性情"之说,我们将在后文中具体阐述。

《中庸章句》的创见在于把"庸"解释为"平常",意思是中庸就是寓于人们日常行事中的一种无过无不及的常道,是天命所赋的当然之理,精微而极致。

中庸者，不偏不倚、无过不不及而平常之理，乃天命所当然，精微之极致也。

他承认"庸"有"恒常的定理"之义，但更强调其"平常"的意思，他说，庸固然是定理，但仅仅认为是定理，就看不到那平常的意思了。既然如此，为什么会"中庸其至矣乎！民鲜能久矣"呢？他解释说，中庸本来是人们都具有的德行，一开始并不是难事，但是教化衰落了，人民不再奉行了，所以能做到的就极少了，一直到现在都是这样。他在释读"子曰：道之不行也，我知之矣，知者过之，愚者不及也。道之不明也，我知之矣，贤者过之，不肖者不及也"这段话时进一步阐发了自己的观点，认为道与人本来是不可分离的，但人自己没有省察体会，所以才会有过与不及的弊端。他按知、行两个方面把智、愚、贤、不肖者分为四种情况：智者知过而行不及，贤者行过而知不及，愚不肖者知行皆不及。因此，中庸之道才不明确，也没有通行。

这样的诠释把中庸与修养功夫联系起来，强调"道不远人"：人的内在本性要在具体的日常事务中得到实现，人也应当努力在日常存在中体现生命的终极意义。这也正是"极高明而道中庸"的涵义。朱熹在释读"君子之道费而隐"一章时说，所谓的君子之道，近自夫妇居室之间，远达甚至圣人也难以企及的天地之外，其大无外，其小无内。但是"道"，就是率性而行，是人人都能知能行的。如果行道之人，认为身边琐事不值得去做而厌弃，反而好高骛远，就不是在实行"道"了。中庸之道就应当"行远自迩，登高自卑"。朱熹曾具体阐发中与庸的密切关系，他说，没有中而不庸者，也没有庸而不中者。只要是中，就平常。尧授位给舜，舜授位给禹，都是当其时应当如此做，做得来恰好，这就是所谓中也。中，即平常也，不如此便非中，便不是平常。以至汤武之事也是如此。再比如当盛夏极暑时，须要用冷饮，到阴凉的地方,穿轻薄的衣服,挥扇子,这就是中,这也就是平常。当隆冬盛寒时,须用喝热汤,待在密闭的屋子里,穿厚实的棉袄,烤火,这就是中,这也就是平常。如果极暑时重裘拥火,盛寒时衣葛挥扇,那就奇怪了,那就是失去中了。在朱熹看来,中庸就是这样,既是圣人至德,又是常人之道。只要人人做到中和,就能"参天地,赞化育",天地万物也就实现了中和。

综上所述,《中庸章句》与《大学章句》的思路是一致的,以天命之性为基点,提出性即理之说,强调人之性受之于天理,此性为"中"与"诚";若率性而发之于外就会合乎天道与本性,表现为"和"与"明",所以"致中和"既是天道,也是人道所应当追求的目标与境界。达到中和的基本途径是戒惧、慎独与谨敬等内外并举的修养功夫。在本书中,朱熹继承并发展了孔子以来的中庸思想,形成了一套新的中庸学说。这种学说认为,所谓中庸,指理及其发用的状态。中庸之"中",既指理的本体的不偏不倚,又指理的发用的无过无不及。中庸之"庸",指理的常行不变的性质,又指人人可行的平常之道。中庸涵盖中和,是尧舜以来数千年圣圣相传的心法。它既是人的内在本性与本原,也是整个世界的终极根本与基本特征。

(三)《论语集注》与《孟子集注》的诠释要点

无论是按朱熹自己拟定的次序,还是束景南教授的看法,《论语集注》与《孟子集注》分别是大学入门之后的进阶著作,而且无论从孔孟思想的核心以及朱熹的注释来看,都有着十分密切的内在联系,所以我们这里将两部集注的诠释要点一起来叙说。

《论语集注》《孟子集注》与《大学章句》《中庸章句》不同在于,章句极少引用他人的解释,而集注则是精选诸多注家的解释编订而成,基本形式为:先训读,次解释大意,再引用注家解说,最后以"愚谓"、

"愚按"表达自己的见解。因而,《论语集注》与《孟子集注》既注重探求经文之本义,又注重义理阐发,从而将训诂学与义理学熔为一炉。

《论语集注序》《孟子集注序》与两篇章句的序不同的是,没有阐明自己的编订宗旨。《论语集注序》只是把孔子的生平与《论语》的版本作了个概述,然后引程子的话表明读《论语》的意义,如果未读时是此等人,读后还是此等人,就等于没有读。应当"读之愈久,但觉意味深长"。《孟子集注序》的写作风格更与其他三篇都不同,基本是引文的汇编,先是《史记》,然后是韩愈、程颐与杨时,但核心就一个,确立孟子在儒家道统中的独特地位与贡献:《史记》言明孟子授业于子思之门人,"述仲尼之意,作《孟子》七篇",确立孟子的儒家正宗地位,然后用韩愈的道统说表彰孟子"以为功不在禹下者",再以程子的评价言明孟子的具体贡献,说"孟子有大功于世,以其言性善也",杨时的言说为序的结尾,是对《孟子》一书核心思想的概述:"只是要正人心,教人存心养性,收其放心。"以后孟子以"亚圣"在儒家中立名,宋儒尤其是朱熹的推崇至关重要。

杨时对《孟子》大义的提炼可谓精到,朱熹在《论语集注》与《孟子集注》中,正是在对孔孟的仁、礼、心、性、浩然正气、乐等核心概念的诠释中,表明了他的理气论、心性论、修养论与境界论。

1. 性与理

朱熹在《论语集注》第一篇《学而》的题记中就强调:

此为书之首篇,故所记多务本之意,乃入道之门、积德之基、学者之先务也。

那么学者先务什么?首先要明白学习目标。朱熹对《论语》第一句"学而时习之"的"学"释为"效",他说:

> 人性皆善,而觉有先后,后觉者必效先觉之所为,乃可以明善而复其初也。

在解读《论语·卫灵公》"子曰:有教无类"和《论语·阳货》"子曰:性相近也,习相远也"时,也阐发了同样的观点,人的本性是善的,以人生之初而言,人人相差不远。但现实中人之所以有善恶之分,是因为禀受的气不同,习于善则善,习于恶则恶,于是差别越来越大了。若有君子施教,那么人人都可以复归于其本性之善。所谓学习,就是效仿那些君子贤圣的作为,明白善是自己的本性而复归之。

在儒家思想史上,孔子没有明确讨论人性问题,所以朱熹在这里的诠释实际上是表达自己的观点。而在《孟子集注》中,朱熹通过对孟子性善论的阐发回答了"为什么说人性为善?""善花何以结出恶果?"等问题。

孟子明确提出人性为善,并给出了自己的论证,但他没有回应恶之来源的问题。荀子以人性为恶,善是人为而成,也面临善之来源的问题,而且对儒家仁学的根基形成挑战,所以不是儒家主流观念。汉唐以降,关于人性善恶问题的讨论非常热烈,董仲舒、韩愈、李翱、扬雄等等都提出了自己的见解,或认为善恶相混,或认为性分三品,共同点是认为除圣人之外,一般人都先天具有某种恶的根源。到宋代,张载、二程等为解决这一问题提出了气禀说,认为人性本善,但因气禀清浊驳杂之不同而造成了现实人性的差别。

朱熹继承了张载与二程的观点,以天命之性与气质之性来解释人之本性为善,而恶来源于气禀之不同。在《四书集注》中有相当多这方面的阐释,前面也多有论及。这里要说的是,朱熹在《孟子集注》中对"为什么说人性为善?"的回答。他认为:

> 性者,人所秉于天以生之理也,浑然至善,未尝有恶。

他引用程子的话进一步论说:

> 性即理也,天下之理,原其所自,未有不善。

人的本性是秉受天理而得,天理是至善的,所以人性本善。

在朱熹这里,理是人性之善的终极根据,也是形而上的本体。但论、孟中都没有在这个意义上论"理",所以朱熹化"天"为理,明确提出"天,即理也"。在释读《论语·里仁》"子曰:获罪于天,无所祷也",《论语·季氏》"畏天命"等,以及《孟子》言及天的相关语句中,朱熹屡次表述了这个观点,如:

> 天命者,天所赋之正理也。
> 天者,理而已矣。
> 盖以理言之谓之天,自人言之谓之命,其实则一而已。

之所以化天为理,在前面"《中庸章句》的诠释要点"中已有解释。这里归纳几点《论孟集注》中对"理"的表述:其一,理是至尊无上的,是宇宙的普遍发展与人类伦理价值的终极根据与本原,人只能顺理而动,不可逆理而行;其二,天理赋予人和物,这一施发的过程称为天命。人从天接受了理作为自己的性,要谨慎地、敬畏地保有它,不要把天赋的珍贵东西失去;其三,天道流行,发育万物,就天理赋予人和物来说,叫做天命;就人物接受了天所给予的理作为自己的性来说,叫做性。所以,天命和天性是同一过程的两个方面。

在《孟子》中,性与心、情时常连用,但性与心、情之间的关系并没有明确的分析。朱熹在释说中对此给予了解答。他在注释"孟子曰：尽其心者，知其性也。知其性，则知天矣"一句时说：

> 心者，人之神明，所以具众理而应万事者也。性则心之所具之理，而天又理之所从以出者也。

我们再来看看《孟子集注》中相关阐说：

> 心则能思，而以思为职。凡事物之来，心得其职，则得其理，而物不能蔽；失其职，则不得其理，而物来蔽之。
> 仁义礼智，性之四德也。……盖气禀清明，无物欲之累，则性之四德根本于心，其积之盛，则发而着见于外者，不待言而无不顺也。
> 盖圣人之心，至虚至明，浑然之中，万理毕具。一有感触，则其应甚速，而无所不通。
> 情者，性之动也。人之情，本但可以为善而不可以为恶，则性之本善可知矣。
> 恻隐、羞恶、辞让、是非，情也。仁、义、礼、智，性也。心，统性情者也。……因其情之发，而性之本然可得而见，犹有物在中而绪见于外也。

从中我们可以明了性与心、情之间的关系：心具有知觉思维能力，是虚灵神妙的，本身具足天理，心中所具之理即是性；心兼备并主宰性、情，性与情分别是心之体与用；性是未发之情，情是已发之性；性本为善，情则可善可恶，若心保持警戒不被物欲所累，则能复归善性，若心失去主宰能力，就会被物欲所蔽而发生恶行。

在孟子那里，恻隐、羞恶、辞让、是非都称为心，是仁义礼智"之端",朱熹则将恻隐、羞恶、辞让、是非界定为情,仁、义、礼、智为性,性是内在的,是形而上者,不可见。但通过外在的情表现出来,所以是由情见性。

恻隐之心在孟子那里又叫"不忍人之心",朱熹在集注中引用了二程和谢良佐的解释。谢氏认为恻隐之心是人的真心,也是天理之自然,不是通过思虑与努力获得的。朱熹强调,人之所以为人,也就在于有此心。他还以"天地生物之心"来解释:

> 天地以生物为心,而所生之物因各得夫天地生物之心以为心,所以人皆有不忍人之心也。

就把人的仁心归溯到天地之心,以说明其根源与根据。这个观点朱熹后来专门写作《仁说》予以系统阐发,文中反复说明的"天地生物之心"就是指天地之"生意"、"生理",天只有一个"生理","天地之心别无可做,大德曰生,只是生物而已"。人也以此心为心,所以能自觉体认生生不息之天理流行,"当来天地生我底意,我而今须要自体认得"。

以"生"意释心言仁,是朱熹承继二程等宋儒对孔孟仁说的又一个创造性诠释,将天、地、心、性与仁都贯通起来,我们将在朱熹论仁篇章中继续叙说。

2. 道与理

我们现在说"道"的时候,往往首先想到的是道家道教所论之"道"。实际上,作为中国古代哲学最为重要的哲学范畴之一,儒、道、墨、法、兵等诸家都对之作过论述,后来的佛教也以"中道"为核心,建立了自己的道论。可以说,"道"是中国古代哲人对世界与人生最基本问题的通用表述,但诸家在使用这个词时,内涵又有差别。所以我们先把道的本义与不同涵义大略整理一下，以便于理解。

(1)"道"的涵义与演变

"道"这个字由两部分构成，一个是"辶"，意思是"走过去"、"通过"；另一个是"首"，意思是"头"、"首要的"。东汉许慎的《说文解字》释："所行道也。从辶，一达之谓道。"指通达而无歧出的路，这是把它作为名词来解释。比如《易经》中的"反复其道，七日来复"，《论语》中"道听而途说，德之弃也"等等，都是道路的意思。东汉末刘熙所作的训解词义的《释名》说："道，导也，所以通导万物也"，意思是疏导、引导、贯通，把道作为动词了。在《书经》中，"道"字就屡屡被用来指开通渠道并"引导"河流以防止河水泛滥。由这两个含义推拓，"道"很快就又有了途径、方向、方法、技巧、教导、解释等多种引申义，并逐渐发展出规范、道理等意涵，用以表达事物的法则、规律性等抽象性哲学意涵，比如《尚书·洪范》中说：

无有作好，遵王之道；无有作恶，遵王之路。无偏无党，王道荡荡；无党无偏，王道平平；无反无侧，王道正直。

这里的道，就有正确的政令、规范和法度的意思。《左传》中有如下之说：

臣闻小之能敌大也，小道大淫。所谓道，忠于民而信于神也。

王禄尽矣，盈而荡，天之道也。

这里的道带有规律性的意思。《左传》还记载，郑国政治家子产提出"天道远，人道迩，非所及也，何以知之"的观点，将日月星辰的运行规律称为天道，人类生活所应遵循的法则称为人道，这种明确的区分对后世影响巨大。春秋后期越国大臣范蠡在谈到用兵之道时就说：

> 天道皇皇，日月以为常，明者以为法，微者则是行，……古之善用兵者，因天地之常，与之俱行。

强调人道必须遵循与顺应天道才能取得吉利的结果。据统计，类似这样的用法，在《左传》中有九处，《国语》中有七处。说明"道"在春秋时期就已经作为一个抽象性的思想概念普遍地使用了。

当然，系统构建道论，并决定了道作为哲学范畴基本涵义的是老子。在老子这里，道主要有以下几个方面的涵义：

其一，道是天地万物的本原。老子说：

> 道可道，非常道；名可名，非常名。无，名天地之始；有，名万物之母。
>
> 有物混成，先天地生。寂兮廖兮，独立而不改，周行而不殆，可以为天下之母。
>
> 玄牝之门，是谓天地根。

这几处提到的"始"、"母"、"根"、"门"等等都含有本原的意思，就是说，道是天下万物的本原。作为天地万物本原的道有三个特点：无形无象，无始无终，凭感性无法认识。

其二，道是事物发展的规律。老子指出："大道泛兮"，道存在于一切事物之中，贯穿于一切事物发展过程的始终，"反者道之动，弱者道之用"，万物从道起源，又回归到道，"各复归其根，归根曰静，复命曰常"，宇宙万物都遵循一种循环往复的运动规律。而且这个规律具有永恒性、普适性、不变性，这就是"常"，只有体认和把握这个常道，循道而行,才是明智的,所谓"知常曰明"。

其三,道是人类社会运行的法则。老子主张"唯道是从",即是要坚持道的法则,遵循道的法则做事。

> 执古之道,以御今之有,以知古始,是谓道纪。

意思是掌握自古以来的规律,去理解今天身边发生的所有事,能够古往今来无所不知。废弃了这样一个最高的原则,才会制定仁义来规范,"大道废,有仁义"。因而不同层次的人对待道的态度各有不同,"上士闻道,勤而行之",只有上等层次的人才能够坚持道的原则,身体力行,并且只有坚持道的原则的人,才能与天道一样"损有余而补不足"。

老子道论构建之后,对先秦诸子及中国文化影响巨大,不仅使"道"成为道家学派的核心概念与最高范畴,也成为中国文化思想中通用的一个形而上语词。更重要的是,老子对世界本原的追问与回答以及辩证思考方式提升了中国思想的整体思维水平。

(2) 儒家论"道"

道在儒家学说中有着与道家道教之道不同的内涵。如果说道家道教之道主要是以宇宙论、本体论的思维模式来探讨道与天地万物与人的关系,那么,儒家之道主要是以天人合一的思维模式来探讨道与人的关系。天人合一论的重点是"道之大原出于天","人道"是由"天道"派生的。宇宙论所思考的重点是世界万物的终极本原与根据,而本体论思维是一种体用思维,天与人本是一体,不论是"天道"还是"人道",都是一个终极本体的体现,不存在谁产生谁、谁派生谁的问题。

在《论语》中,"道"出现了上百次之多,可使用的意思非常宽泛,基本上涵盖了前文除老子道论之外的所有含义。在作为一个抽象性普遍性意义的哲学概念使用时,主要指的是人类最高的价值标准。孔子在自述其人生理想时说:"志于道,据于德,依于仁,游于义",还曾说"朝闻道,夕死可矣"等等,都是指向了这么一个价值观。他在"天下有道"、"邦无道"、"道之不行"等言说中所表述的意思是,这个价值标准决定了天下国家的兴亡:天下与国家若有此道,则社会秩序良好,人们也应当可以追求富贵与官爵,并以贫贱为耻;若无此道,则社会秩序混乱,那么去当官与求得富贵就是可耻的。就道的内涵而言,主要指的是"仁":

> 士不可以不弘毅,任重而道远。仁以为己任,不亦重乎?死而后已,不亦远乎?

所以,孔子之道主要就是仁道,是各种礼仪规范的价值取向与标准。同老子的道论相比,孔子很少谈论天道,根本上就是人之道。

孟子也将道作为一个通用哲学概念使用,但其内涵也是仁,他说:

> 仁也者,人也。合而言之,道也。

他讨论的重点也不是"道"本身,而是性、理、天、命等。

儒家著作中专门论"道"的早期经典是《周易》。这本书包括《易经》和《易传》两个部分。在《易经》中,"道"基本上是"道路"的意思,《易传》则提出了"一阴一阳之谓道"、"立天之道曰阴与阳,立地之道曰柔与刚,立人之道曰仁与义"等重要命题,认为相互对立、相互依存、相互转化是天地万物的基本规律。尤其是在《周易·系辞上》里指出"形而上者谓之道,形而下者谓之器",以"道器"并举的方式,对"道"本身作出了明确的规定,认为"道"是超越于具体的物质形态之上,是关于天地运行的规律与法则;"器"则是具体的物质形态和社会事物。前者是抽象的观念,没有形体;后者是感性经验能认识的实在,有形体。这种划分表明,《系辞》的作者已经把观察与思考的对象区分为两个方面,即一般与个别、抽象和具体、观念和实在、规律和事物等,并讨论了二者之间的关系。这既是对世界认识进一步深化的表现,更是思维水平进一步提高的体现。这一点对宋明理学家启发巨大。

韩愈首倡儒家道统,并以道学为名,但他从内涵上界定"道"为仁义,并没有从形上形下的意义来探讨"道",在思考方式与思想内容上只是承袭孔孟之说。

到宋代,张载以气解道,程颐、朱熹以理解道,陆九渊与明代王阳明以心解道。虽然对"道"的诠解不同,但都是在以形上形下的思维方式来建构各自的思想体系。

陆九渊和王阳明都主张"心即理",也以形上形下观念来讨论道器问题,通过道与心合一把道纳入到他们的心学体系中。陆九渊说"道未有外乎其心者",王阳明更明确"心即道,道即天,知心则知道知天"。

张载宇宙论是以气为实体,以气化过程为道,"阴阳合一存乎道",就是把道理解为阴阳二气的统一体。但气与道并不完全等同,气是从实体存在意义上说,道则是指气的功能或作用,是从过程上说,即是一个动态的功能范畴。他认为,道作为气化过程是无形的,器则是气化的结果,是有形的。

一阴一阳不可以形器拘,故谓之道。乾坤成列而下,皆易之器。

一阴一阳为太虚之气,既不是器物,也没有形体,所以称为道;天地以下,万事万物,都有形体,所以称为器。在人类社会中也是如此。

> 无形迹者即道也,如大德敦化是也;有形迹者即器也,见于事实即礼义是也。

张载把道和器看作是气和物,无形与有形的关系,这有着本体论思维的意味。

但张载的形而上者始终没有离开气,所以二程认为他所说的道也只是形而下者。阴阳只是气,气就是形而下者,只有道才是形而上者。那么什么是道呢?程颐说:

> 一阴一阳之谓道,道非阴阳也,所以一阴一阳,道也。

阴阳是构成万物的材质,阴阳互相感应,产生万物,万物有形体,是器物。道则是阴阳之所以成为阴阳者,也就是"理"。这样,二程用更抽象的"理"取代了"气",以理解道。器和道不仅是有形、无形的关系,主要是"其然"与"所以然"的关系。程颐说,形而上者是"心所感通者",只能由思维来把握,形而下者则是"言涉于形声之类",能通过感觉经验去认识。在他们看来,形而上者是所以然者,是决定形而下者的。所以这个形而上之"道"——"理",不仅仅是宇宙万物和社会运行的规律与法则,还是宇宙万物的"所以然",是一个超越时空"不为尧存,不为桀亡",无"存亡加减"也"元无少欠"的本体。这就为儒家学说寻找到了一个如道家之"道",佛家之"真如"一样的终极根据,对此,二程颇为自得,"吾学虽有所受,天理二字却是自家体贴出来"。

(3) 朱熹论"道"

朱熹继承了二程的思想,从理气、道器、形上形下以及体用、本末的思路来阐释道,他说:

> 理也者,形而上之道也,生物之本也;气也者,形而下之器也,生物之具也。

道和器的关系是体用、本末关系。道为体为本,器为用为末。体用一体,所以道和器是理和物的关系,道不离器,理不离物:

> 道是道理,事事物物,亦皆有个道理。器是形迹,事事物物,亦皆有个形迹。有道须有器,有器须有道,物必有则。
>
> 器亦道,道亦器也。道未尝离乎器,道亦是器之理。理只在器上,理与气未尝相离,所以一阴一阳之谓道。

朱熹还提出道兼体用、合理气的说法,"道者,兼体用,该隐费言也",道兼体用,就是本然的存在及其发用流行的过程合而言之,体用合一。道合理气也是如此:

> 道须是合理与气看。理是虚底物事,无那气质,则此理无安顿处。易说"一阴一阳之谓道",这便兼理与气而言。阴阳,气也,"一阴一阳",则是理矣。

就这点而言,朱熹所谓的道与二程有所不同,二程论道即是朱熹所谓的理,朱熹所谓的道则是理与气的合一。

必须注意的是,尽管在论述时常常将道与理作为一个层次的范畴,但朱熹与二程一样,以理为最高范畴。而将道主要指向人伦之理。在《论语集注》中释"朝闻道,夕死可矣"时,将道解为"事物当然之理"。"所当然"与"所以然"都是朱熹对理的释读,"所以然"一般指天地万物的规律,"所当然"一般指道德原则。道作为人伦当然之理,来源于天地所以然之理,并落实在人的日用日常之中,"道,则人伦日用之间所当行者是也",所谓"事物当然之理"就是人在社会生活中的道德规范。《孟子集注》说:

> 仁者,人之所以为人之理也。然仁,理也;人,物也。以仁之理,合于人之身而言之,乃所谓道者也。

在注解《论语·里仁》"夫子之道,忠恕而已矣"时,朱熹用道的体用来阐发,首先认为孔子的一贯之道是指圣人之心浑然一理,而其应用,各有所当。圣人之心浑然一理,这是"体一",随时随事,各有所用,这是"用殊","盖至诚无息者,道之体也,万殊之所以一本也;万物各得其所者,道之用也,一本之所以万殊也"。

3. 仁与理

前文提到,宋明理学对儒家学说的主要贡献就在于提高了形而上理论水平,将原始儒学的具体的伦理规范与实践方法提升为抽象的普遍的原则,对"所应然"给予了"所以然"的根据。楼宇烈先生认为,最明显的体现就是对孔子"仁"说的新发展。

(1) 孔孟之"仁"

在孔子之前,"仁"也是被广泛使用的词语,一般把尊亲敬长、爱及民众、忠于君主和仪表美好等等都称为仁。但只是在《论语》中,"仁"才被系统阐发,成为孔子思想的核心概念之一。孔子因材施教,在不同的时间对不同的弟子会根据那位弟子的个性特点而予以指点,所以除了个别地方外,绝大多数时候对"仁"的表述是不同的。可

福建建阳考亭书院石牌坊,"考亭书院"四字为宋理宗手书。

以从这几个方面来归纳:

其一,仁的前提与起点是人的本真性情。《论语》载:

> 孝弟也者,其为仁之本与!

虽是孔子的学生有子的一句话,但我们认为这应当是孔子的思想,从父子相隐到尊亲重孝等相关表述中可以看出,孔子是由"亲亲"这种天然的人类情感作为"仁"的原点,然后以同情同理之心推己及人,建构起"爱人"、"泛爱众,而亲仁"的仁学体系的。以后孟子给予具体而贴切的表述:"亲亲而仁民,仁民而爱物。"由己及人,由真向善,由情制礼,正是孔子仁学的思维路径。

其二,仁的规范与表现是礼。孔子重礼,认为这不仅是人立身行事的准则,也是维护社会秩序的规范,所以"一日克己复礼,天下归仁焉"。但礼只是仁的外在形式与表现,必须以内在的仁心为基础,否则礼就会成为徒具形式的虚饰,"礼云礼云,玉帛乎哉?""人而不仁,如礼何?"内外兼备才可成为君子、贤人乃至圣人。

其三,仁的实行是忠恕之道。《论语·里仁》记载曾子之言:

夫子之道,忠恕而已矣。

认为孔子的全部思想可以用"忠恕"二字概括。具体而言,忠道就是"己欲立而立人,己欲达而达人",恕道是"己所不欲勿施于人"。这是孔子倡言的"仁之方",就是实行仁道的方法与路径。孔子还强调"为仁由己",实行仁是一个自觉自主的行为,推己为忠,及人为恕。

其四,仁的境界是乐。《论语》开篇即说学习与交友之乐,此后又有颜回之乐、曾点之乐等等。孔子对自己的评价也是"其为人也,发愤忘食,乐以忘忧,不知老之将至云尔"。体现出他乐观的人生态度与追求快乐的人生与社会目标。所以二程求学于周敦颐时被要求"寻孔颜乐处,所乐何事?"孔子说"仁者不忧",意思是只要达到了仁者的境界,就可以"乐在其中"。这也是孔子仁学乃至儒家学说有别于基督教罪感文化与佛教苦感文化的一个理论特色。

孟子丰富与发展了孔子的仁学,他的贡献主要体现在两个方面:一是拓展了仁的范围,提出具体的仁政主张,认为君王只要以不忍人之心推行不忍人之政,"老吾老以及人之老,幼吾幼以及人之幼","推恩"四方就可以实现"王天下"。更重要的是他对仁产生的根源或存在的根据给予了回答与论证。孟子首先论证人性为善,皆有"恻隐之心"或"不忍人之心",而且这种品质与能力是不学而能、不虑而知的,恻隐之心就是仁的发端。

> 仁义礼智,非由外铄我也,我固有之也。

与孔子罕言性与天命不同,孟子阐发了心、性与天命的关系,将三者贯通起来说:

> 尽其心者,知其性也;知其性,则知天矣。存其心,养其性,所以事天也。

这就将仁的存在根据归结为人天生具有的一种道德良知。

(2) 朱熹论"仁"

宋儒论仁,不仅赋予了仁更为丰富的内涵,更从"义理"方面探讨"所以然"的问题,比如程颐在论"仁"时曾说:

> 故仁,所以能恕,所以能爱。恕则仁之施,爱则仁之用。

意思是,仁是爱与恕等情感与品性的内在根据,是恕之所以恕、爱之所以爱的原因。恕与爱都是仁表现出来的品行。

在孔、孟那里,"仁者爱人",仁与爱是混而为一的,仁即是爱,爱即是仁,并没有去区分仁爱的性情体用关系。但在二程这里,区分仁与爱之间的关系成了首要的、原则的问题了。所以,程颐反复地强调,仁与爱之间存在着的性情体用区别,是绝不容混淆的。他认为,孟子所说的恻隐之心只是爱,不可谓之仁:

> 爱自是情,仁自是性,岂可专以爱为仁?

他还批评韩愈的"博爱之谓仁"之说:

> 仁者固博爱,然便以博爱为仁,则不可。

在他看来,仁是性,爱是情,性情有形上形下之分。仁是"所以爱"之理,爱出于仁,但并非仁。仁是内在之性,爱为外在之情,仁是爱的根据,爱是仁的发用。这样,仁作为形而上者之性,虽不离道德情感,但又是抽象的、普遍的道德法则。

朱熹进一步发挥了程氏的思想,继续阐发仁为理的观点。他在《论语集注》中说:

> 仁者,爱之理,心之德也。

"爱之理"是从理的角度来说,"心之德"是从人的角度而言。对于"爱之理",他曾用一个生动的例子来说明:

> 理是根,爱是苗。仁之爱如糖之甜、醋之酸,爱是那滋味。

也是性情体用来说明仁与爱之间的关系:仁是体,爱是用;有爱之理所以才能去爱,但爱之理也必须通过爱来体现;爱是仁之情,仁是爱之性,仁必须通过爱来体现。在注释"孝弟也者,其为仁之本与"时,朱熹引程子的话说,为仁,就是实行仁道,说实行仁道始自孝弟是可以的,就这个意义上来说,实行仁道以孝弟为根本,但如果说孝弟是仁的根本就不对了。因为仁是性,孝弟只是仁的发用,是情。

至于"心之德",在注解《论语·颜渊》的"子曰:克己复礼为仁。一日克己复礼,天下归仁焉。为仁由己,而由人乎哉?"时,朱熹写道:

> 仁者,本心之全德。……为仁者,所以全其心之德也。盖心之全

德，莫非天理，而亦不能不坏于人欲。故为仁者，必有以胜私欲而复于礼，则事皆天理，而本心之德复全于我矣。

他后来解释说，有一个小小的仁，有一个大大的仁。单独就某一方面来说，仁只是一个具体的道德范畴；广义而言，仁是包括了义、礼、智，四者齐备的。朱熹在这里对克己复礼的解释是，战胜私欲复归天理。心之全德无非就是天理，人人本来都具有心之全德，心中本来都是天理。但即使如此，天理也可能被人欲所破坏，只有通过"为仁"的实践功夫，在日常生活的事事物物中战胜私欲，才能复归于礼。因为礼是"天理之节文，人事之仪则"，复归于礼就符合天理，也就回复了本心之全德。在这里，朱熹承袭程子的观点，将"非礼"解释为"私欲"，有了一己之私，自然不可能成就仁，只有"克尽己私"才能"皆归于礼"，这才是仁。他说：

私欲净尽，天理流行，而仁不可胜用矣。

(3) 天理与人欲

需要注意的是，程子与朱熹都将天理与人欲相对，认为克服私欲，人的行为举止就符合礼节，天理就能流行日用之间。朱熹还认为孔子与颜渊的这段对话是孔子传授心法的切要之言，学习者尤其应当深切体味。所以后来他还提出四书的核心观点：

圣贤千言万语，只是教人明天理灭人欲。

也正是这一观点自清末以后受到猛烈批判，说这样禁锢了人的个性与自由，甚至"以理杀人"。这里有必要作个辨析：

朱熹自己对天理人欲有过充分的解析。在他看来,"天理"之于人,是"心之本然":

> 盖天理者,此心之本然,循之则其心公而且正。

"心之本然",也就是未受气禀物欲所蔽的未发状态,循其本然而能表现为公且正,是无一毫人欲之私的本然状态。"天理"又是善的,因为"性即天理,未有不善者也",人性本善,善性即天理。"天理"之于社会,便是仁义礼智、人伦五常:

> 所谓天理,复是何物?仁义礼智岂不是天理?君臣、父子、兄弟、夫妇、朋友岂不是天理?

也就是说,天理是普遍存在的,天地万物都是禀受天理而生的,天理是纯粹的至善本体,人与人之间的关系都应当是天理的体现。与之相对,人欲则是人在社会活动中突然而生的:

> 天理本多,人欲便也是天理里面做出来。……人生都是天理,人欲却是后来没巴鼻生底。

"没巴鼻生底"是说人欲并不像天理那样于心之本体中本有,而是在后天活动中主体自己陷溺而致生的。人欲是不善,是"恶底心","物欲昏蔽,便是恶底心",人欲是心的疾病:

> 人欲者,此心之疾疢,循之则其心私而且邪。

也就是说,人欲是人在后天因受物欲昏蔽而致的疾病状态,循其病态则表现为私且邪。

至于天理与人欲的关系,朱熹认为,它们是相对的,又是相联系的,"天理人欲,同行异情",同行即同时发生,异情即已发后不同的表现。一方面,"天理人欲常相对","人之一心,天理存,则人欲亡;人欲胜,则天理灭"。这里讲的相对存灭,完全是非此即彼的对立关系,只有质的变化,没有量的消长。在朱熹看来,任何处事接物,都当循天理而行,但只要主体心生邪念,便进入人欲之私,在天理人欲之间没有混杂的空间。他常常以公、私来说明这个对立,在《孟子集注》释读孟子的义利之辩时,他说:

> 仁义根于人心之固有,天理之公也。利心生于物我之相形,人欲之私也。

在注《论语·子路》章中君子小人之别时,他也说:

> 君子之心公而恕,小人之心私而刻。天理人欲之间,每相反而已矣。

另一方面,天理人欲又是互相依存的:

> 有个天理,便有个人欲。盖缘这个天理须有个安顿处,才安顿得不恰好,便有人欲出来。

天理的安顿处在于人心,人心对天理的安顿不可能都恰好,所以人欲总依天理而在。但正像人心道心并非二心一样,天理人欲也"不是有两物,如两个石样,相挨相打,只是一人之心,合道理底是天理,徇情欲底是人欲,正当于其分界处理会"。所以,天理人欲都是一个心理活动,在应事接物的具体行为与过程中,合于道理就是天理,徇于情欲便是人欲。在《孟子集注》中,朱熹说得非常清楚:

  盖钟鼓、苑囿、游观之乐,与夫好勇、好货、好色之心,皆天理之所有,而人情之所不能无者。然天理人欲,同行异情。循理而公于天下者,圣贤之所以尽其性也;纵欲而私于一己者,众人之所以灭其天也。二者之间,不能以发,而其是非得失之归,相去远矣。故孟子因时君之问,而剖析于几微之际,皆所以遏人欲而存天理。其法似疏而实密,其事似易而实难。

这里把公、私作为分判天理人欲的标准。他还说:

  若是饥而欲食,渴而欲饮,则此欲亦岂能无?
  问饮食之间,孰为天理,孰为人欲?曰:饮食者,天理也;要求美味,人欲也。虽是人欲,人欲中自有天理。

这些话肯定了正常的物质需求。显然,朱熹并非要扼杀人的所有物质需求和生理需求,如饮食男女之类。一个人饥欲食,渴欲饮,长大了要娶妻生子,这些都不是人欲,而是天理。但如果饥不仅食,而贪求美味;渴不满足于饮水,而琼浆玉液是求;家有贤妻还不足,还要求三妻四妾,这就是人欲。这样看来,天理人欲的界限只在是与非之间,只在正常和超常的一个度。一件事处理得正常,便是天理;超越了正常,就是人欲。朱熹就是这样说的:

> 凡一事便有两端,是底即天理之公,非底乃人欲之私。须事事与剖判极处,即克治、扩充功夫,随事著见。

所以,在朱熹语境中的"人欲"就是过度的超越常理的物质欲望,也就是"私欲"与"贪欲"。朱熹所说"灭人欲",是专指消除人不合理的私欲与贪欲,这才是本句真意。

(4) 生与仁

前文已述及,以生意释心言仁是宋儒对孔孟仁学进行的另一项创造性诠释。这种解释源自《周易》的两句话"天地之大德曰生"和"生生之谓易"。周敦颐首先提出"生,仁也;成,义也"的观点,其后张载认为天仁天德即是"生物"之心。

> 大抵言"天地之心"者,天地之大德曰生,则生物为本者,乃天地之心也。

但两人都没有更具体的论述。

二程用"生之理"释仁,并对之作出了具体的论述。在他们看来,仁源于天道生生之理而具于心。程颢说:

> "生生之谓易",是天之所以为道也。天只是以生为道,继此生理者,即是善也。善便有一个元底意思。"元者善之长",万物皆有春意,便是"继之者善也"。

所谓"春意"即是"生意",指天地万物生生不息的生命力,此"生"便是天之道,它表现了天之"善"。他还说:

"天地之大德曰生",万物之生意最可观,此"元者善之长"也,斯所谓仁也。

生生不已是万物生命力的表现,也是天地创造力的表现,"生"是天地之德的最高形式("大德"),它表现了天之"仁",因而,观察万物的"生意"便可体会"仁"。这样一来,仁便超越了道德本体的范围,获得了参赞天地之化育的天人合一的价值内涵。程颐注重以"心"来阐发,他说:

仁者,天地生物之心。

认为天地有仁心,万物的生生不息就是天地之仁心的表现,特别是万物初生时,天地的仁心表现得最充分,因而他说"看鸡雏可以观仁"。显然,程颐以生意言仁的独特之处,在于将宇宙万物洋溢的生意落实在人的心性层面,注重从人的心性中阐发生生之仁。他还认为,恻隐之心表现了人的"生道",人皆有之,即使是桀、跖那样的恶人,其初生时心中也无不具此"生道",只是后天对此"生道"的不断戕贼才最终泯灭了仁爱的天性。

朱熹以生生言仁,与程颐一样,注重从"心"字上论说。他首先说明:

天地之心,只是个生。凡物皆是生,方有此物。如草木之萌芽,枝叶条干,皆是生方有之。人物所以生生不穷者,以其生也。才不生,便干枯杀了。这个是统论一个仁之体。

在他看来,万物之所以生生不息,自有其源头活水,这个"本原处"就是天地具有的仁爱恻隐之心。

且看春间天地发生,蔼然和气,如草木萌芽,初间仅一针许,少间渐渐生长,以至枝叶花实,变化万状,便可见他生生之意。非仁爱,何以如此?缘他本原处有个仁爱温和之理如此,所以发之于用,自然慈祥恻隐。

这就将"生"意落实于人的心性之上,阐明仁乃是心之本性,"生"就是仁性的功能和表现。他说:

发明"心"字,曰:一言以蔽之曰"生"而已。"天地之大德曰生",人受天地之气而生,故此心必仁,仁则生矣。

又说:

天地生物之心是仁,人之禀赋,接得此天地之心,方能有生。故恻隐之心在人,亦为生道也。

人的一切皆受之于天地,人在受天地之气而有血气之身的同时,便"禀赋"了"天地生物之心"以为心,所以说"心必仁,仁则生",恻隐之心其实就是一个"生道"。

宋儒,尤其是朱熹以"生"意言人的心性,从人的生命发生处落实了仁性的来源,从宇宙观的高度论证了人性本善,这是对孟子关于仁性乃人所"固有"的思想的新诠释、新论证,当然也是对儒家仁学的发展。

4. 政与理

福建泉州关岳庙门额朱熹手书"正气"

儒家学说能够成为中国一千多年的官方主流意识形态，一个很重要的原因就在于历代儒者都提出了丰富而系统的政治主张。四书之中，孔子倡德治、《大学》说治国平天下、《中庸》论治国九经，乃至孟子阐发仁政之说，成为后世儒者论政的方向与原则，直到张载提出四句教"为天地立心，为生民立命，为往圣继绝学，为万世开太平"，充分体现了儒家的这种追求与情怀。

中国古代政治思想一方面承认君权神授，一方面也注重民众，并很早就提出了"以德配天"的德治观念。认为民众是一国之本，必须认真听从民意，满足民众需要，如《尚书·泰誓》载：

> 天矜于民，民之所欲，天必从之。天视自我民视，天听自我民听。

先秦儒家以远古三代的"圣王之道"为典范，提出了以修身、德治和仁

政为核心的治理思想,我们归纳四书的政治观念主要有这么几点:

其一,政者正也,修身为本。

> 季康子问政于孔子。孔子对曰:"政者,正也。子帅以正,孰敢不正?"
>
> 苟正其身矣,于从政乎何有?不能正其身,如正人何?(《论语·颜渊》)
>
> 其身正,不令而行;其身不正,虽令不从。(《论语·子路》)

即是说,为政者只有以身作则、做好表率,才能使民众服从命令,听从指挥。所以为政者与君子一样,首先要修身以正己,然后才能安人、安百姓。《大学》在提出八条目之后特别指出:

> 自天子以至于庶人,壹是皆以修身为本。

《中庸》也说:

> 知所以修身,则知所以治人,知所以治人,则知所以治天下国家矣。

孟子也认为"天下之本在国,国之本在家,家之本在身",修身不仅是个人修养和睦家庭的根本,更是为政者治国的前提与基础,"君子之守,修其身而天下平"。关键是为政者要"反求诸己","君仁,莫不仁;君义,莫不义;君正,莫不正。一正君而国定矣"。这是告诫君王,只要君王做到了仁义,公正,一个国家就安定了。

其二,民为邦本,德治仁政。孔子反对以暴力为基础的治理,提

倡德治,他认为:

> 道之以政,齐之以刑,民免而无耻;道之以德,齐之以礼,有耻且格。

他主张"因民之所利而利之",对民众要以德服人,以礼规治,以利予之。孟子把民本思想发展到一个新的高度,他说:"民为贵,社稷次之,君为轻。"提醒君王得民心者得天下,他说:

> 桀纣之失天下也,失其民也;失其民者,失其心也。得天下有道,得其民,斯得天下矣;得其民有道,得其心,斯得民矣。

因此,为政者应行仁政,认为"三代之得天下也以仁,其失天下也以不仁。国之所以废兴存亡者亦然。天子不仁,不保四海;诸侯不仁,不保社稷;卿大夫不仁,不保宗庙;士庶人不仁,不保四体"。如果能施仁政于民,就可无敌于天下,"仁者无敌",否则,即使像尧、舜那样具有仁心大德的人,如不行仁政,也不能得民而平天下。如果像商纣那样推行暴政,民众就有权起来推翻,因为失去民心,就成为独夫民贼,而不再是君王,所以即使杀了他,也不是所谓的"弑君","闻诛一夫纣矣,未闻弑君也"。孟子还就推行仁政提出了"制民之产"、"庠序之教"、"省刑罚"、"薄赋敛"等保民、养民和教民具体措施。

其三,德才并举,选贤使能。先秦儒家认为"为政在人",所以选贤任能至关重要,而且人的德行决定了政治的成败,如《中庸》载:

> 文武之政,布在方策。其人存,则其政举;其人亡,则其政息……故为政在人,取人以身,修身以道,修道以仁。

孔子认为,即便是国君昏庸无道,只要有贤才辅佐,也能保国泰民安,他说:

> 举直错诸枉,则民服;举枉错诸直,则民不服。

使用贤能正直之人为政,民众就服从管理;若重用不正派的人,民众就不会顺服。孟子认为"不用贤则亡",主张"贤者在位,能者在职","尊贤使能,俊杰在位",把举贤使能看成事关国家存亡的治国大计。

朱熹在《四书集注》中,坚持了这些基本观念,比如:

> 政之为言正也,所以正人之不正也。德之为言得也,得于心而不失也。……为政以德,则无为而天下归之。(《论语集注》)
>
> 为政者,民所视效,何以杀为?欲善则民善矣。(《论语集注》)
>
> 上无失政,则下无私议。非箝其口使不敢言也。(《论语集注》)
>
> 君独乐而不恤其民,则民怨之而不能保其乐也。(《孟子集注》)
>
> 王道以得民心为本。(《孟子集注》)
>
> 明人君当与民同乐,不可使人有不得者,非但当与贤者共之而已也。……乐民之乐而民乐其乐,则乐以天下矣;忧民之忧而民忧其忧,则忧以天下矣。(《孟子集注》)
>
> 治国家则殉私欲而不任贤,是爱国家不如爱玉也。(《孟子集注》)
>
> 君不仁而求富,是以有司知重敛而不知恤民。故君行仁政,则有司皆爱其民,而民亦爱之矣。(《孟子集注》)
>
> 天下者,天下之天下,非一人之私有故也。(《孟子集注》)

从中可以看出,朱熹不仅坚持了儒家德治仁政的思想,还将主要责任指向了君王与为政者，之所以如此，是因为他是以天理论来诠释先秦儒者的政治观念，即把天理作为治理社会国家的最高标准，要求为政者也必须顺应天理，按义理的原则来治理国家而不能违背。所以他虽然承认君王制，认为臣权不能大于君权，认为维护"君君、臣臣、父父、子子"的社会秩序，是"人道之大经，政事之根本"，但他又反对君王的绝对权力，承继荀子"从道不从君"的观点，以天理来规范君王的行为，提出"正君心是大本"的限制君权思想。他以道心人心之说指出君王之心与常人之心一样，也有天理与人欲之别，要求君王也必须循天理之公，去人欲之私。他根据《大学》的三纲领八条目提出：

盖欲治人者不可不先治己，欲体道者不可不先知道。此则天下国家之达道通义，而为人君者，尤不可以不审。

而要明明德于天下，也必须"自新以新其民"。他特别赞同孟子关于暴君商纣为"独夫"的观点，在注释中他发挥道：

害仁者，凶暴淫虐，灭绝天理，故谓之贼。害义者，颠倒错乱，伤败彝伦，故谓之残。一夫，言众叛亲离，不复以为君也。

认定商纣王不行仁义、灭绝天理，所以只是一个残贼之人，不配称为君王。朱熹编订的儒家道统，不仅没有周公以后历代帝王的地位，而且批评了汉唐君王的失道行为。他强调三代之圣实行的是王道，推行义理之心，而汉唐君王推行霸道，追求利欲以行私。这就将儒者传道与王者统道联系起来，使儒家道统成为能与君王政统相对抗的一个体系。这种天理至上的观点，尽管仍承认"天理君权"，但也把君王置于天理的约束之下。而儒者为了维护天理的最高权威,要敢于正君、矫君,以理抗势。

5. 乐与理

李泽厚先生称中国文化为"乐感文化",以区别于西方的"罪感文化"和东邻日本的"耻感文化"。且不论人们对此如何争议,但以乐为最高境界的情感体验,的确可以说是儒家思想的重要特征。

前文论及孔子仁说时已经提及"孔颜之乐",孟子也表述了"君子三乐":父母俱存,兄弟无故,一乐也;仰不愧于天,俯不怍于人,二乐也;得天下英才而教育之,三乐也。到宋代,"乐"成为儒者普遍论及的一个哲学范畴,成为一个既是情感又超越情感的一种精神境界。范仲淹、欧阳修等人从"和民"、"成民之欲"的社会角度谈到乐。范仲淹从孟子的"乐民之乐者,民亦乐其乐;忧民之忧者,民亦忧其忧。乐以天下,忧以天下,然而不王者,未之有也"化用出"先天下之忧而忧,后天下之乐而乐"的名言。如果这只是表达了儒者的忧患意识与担当精神,那么周敦颐要求二程寻"孔颜乐处"已经是在思考乐的哲学依据了。在他们看来,孔颜之乐,当然不是贫贱富贵之乐,而是诚、仁之性所自有的快乐,这种乐的实质就是同宇宙本体合一,与天地变化合一,不仅超越了自我,而且在一定意义上超越了社会伦理。理学中的另一位人物邵康节(名雍),很喜欢"吟风弄月",以此表现其精神情趣,并把自己的居室命名为"安乐窝",就很能说明问题。程颢也很有这种气象,他很喜欢在自然界的万事万物与风云变化之中,体会人生的乐趣,感受生命的快乐,他作诗说:

闲来无事不从容,睡觉东窗日已红。万物静观皆自得,四时佳兴与人同。道通天地有形外,思入风云变态中。富贵不淫贫贱乐,男儿到此是豪雄。

"从容""洒落"是在人与自然合一的情境中才有的体验。"静观"是从容不迫而深入其中的一种直观,是一种静静地体会、体味,必须把自己放进去,这样才能显出万物的生命与自家生命原来是融为一体的,是不能彼此分开的。"道"虽然在有形的天地万物之外,但又在天地万物之中,"思道"者必须在天地万物风云变态之中才能体会出"道"的意义。由于人与自然界已经融为一体,合而为一,因此,才能超越富贵贫贱的区别,感受到最大的快乐。他所说的"豪雄",不是指英雄豪杰,而是指精神境界。

朱熹在《论孟集注》也特别注意与推崇这一点。《论语·雍也》章云:

> 子曰:"贤哉,回也!一箪食,一瓢饮,在陋巷。人不堪其忧,回也不改其乐。贤哉,回也!"

朱熹在注释中没有急于发表自己的看法,而是引用程子的话来引人思考:孔颜之乐,所乐何事?颜回之所以乐,并不是乐于简陋的生活,而是不以贫穷挂累其心而改变其所乐。那么,既然箪瓢陋巷并不可乐,颜回就一定有他乐的理由,那会是什么呢?

朱熹在《述而》章的注释中表达了自己的观点。本章说的是"孔子之乐":

> 子曰:"饭疏食饮水,曲肱而枕之,乐亦在其中矣。不义而富且贵,于我如浮云。"

朱熹解释道：

> 圣人之心，浑然天理，虽处困极，而乐亦无不在焉。

圣人的精神境界是与天理浑然一体的境界，达此境界，无论身处何种环境，都能保持精神的自得与快乐。疏食饮水与箪瓢陋巷一样，贫困的生活本身并不值得乐，而是贫困不能妨碍与改变精神上的满足，所谓"君子忧道不忧贫"。之所以有这样的自得与满足，是因为体验到了天理。这种体验是内在的，不由外在的力量与环境所左右，所以人生之乐，不是向贫贱处求，也不是向富贵处求，而是反身向内，"只去自家身上讨"，就是去除私欲，回复天理所赋之本性。在《孟子集注》释读"万物皆备于我矣。反身而诚，乐莫大焉。强恕而行，求仁莫近焉"一句时，朱熹说人之本性具足天理，大则君臣父子，小则事物细微，其当然之理，无一不具于性分之内也。就像讨厌恶臭，喜好美色一样明确实在，哪有比这更快乐的呢？

在《论语·先进》篇注解"曾点之乐"时，朱熹以少见的长篇幅予以进一步说明。本章讲述的是孔子与子路、冉有、公西华、曾点诸弟子谈话，要他们分别表达自己的志向，子路、冉有、公西华三人都是从建功立业方面侃侃而谈，唯独曾点与众不同，他铿尔一声停下弹奏乐器后说"莫春者，春服既成。冠者五六人，童子六七人，浴乎沂，风乎舞雩，咏而归"，通过描述这么一个生动形象的场景来表达他的志愿，的确"异乎三子者之撰"，而孔子偏偏喟然叹曰："吾与点也！"表示赞赏。朱熹认为，曾点所表达的"不过即其所居之位，乐其日用之常"，只不过是一个具体事件与情景。但他为什么会表现出"其动静之际，从容如此"的圣贤气象呢？他解释说，孔子和曾点与圣人志同道合，"曾点之学，盖有见夫人欲尽处，天理流行，随处充满，无少欠缺"。当一个人完全没有私欲之时，就会"胸次悠然，直与天地万物上下同流"，心胸完全敞开，与天合一，与理合一，"他看见日用之间，莫非天理，在在处处，莫非可乐"。

在朱熹看来，这就是"天理流行"之乐：只要与理合一，在日常生活中，在事事物物中，都能超然物外而自得其乐。

总之，《论语集注》与《孟子集注》虽是荟萃了诸家之说，仍有大量自己的阐发，尤其是对孔孟仁学的创造性诠释，集中体现了他的天理观、心性观。他以"生"为"天地之心"将天地、情性心与仁贯通，不仅将仁之所以为仁奠定了天理之终极根据，也为之找到了仁之生发的动力根源。他的心统性情之说，也以本末体用的视角贯通了心性论与修养论，心兼备性情，性本善，发用为情之时被物欲所蔽而可能会有恶行，所以心需时时警醒修养以保持或复归本性。

四 《四书集注》的理学思想

我们认为,朱熹的《四书集注》至少有三个方面的贡献:首先,用浅近的文本,甚至是口语化的文本将古典语言时代化,使得经典通俗易懂,进而获得更为广泛的传播;其次,将四本经典著作融会贯通,使它们成为有机联系的一体。最后,也就是最重要的,朱熹之所以能融汇四书,是基于他自己形上学的理论创见——理气论、心性论与修养论。这是朱熹解释四书的基本哲学框架和出发点,对原文字句的具体解释和发挥都是在此基点上展开的。《四书集注》的价值与影响也主要是因为这一点。前面的篇章叙说了朱熹注释四书的要点,可以管窥朱熹对儒学的继承与创新。但毕竟局限于原文,有散乱与重复之嫌,且有些思想在注释中表达得并不充分。本章根据《四书集注》与朱熹的其他文献相对系统地阐说其理学思想,也可以说是对前面几章的一个小结。

(一) 理一分殊

宇宙间万物并生,常人看来千奇百怪各不相同,但在哲人眼中,这只是表面现象。在他们看来,事事物物都是相互联系而且具有存在的共同本原与依据的,这就是哲学思维中的本体论。老子之"道"就是对这个世界本原与终极依据的一个判断。佛家也以"缘起性空"、"真如"作出了自己的解释。但早期儒家思想并不注重对这个问题的探究与回应,所以在与佛道的论争中始终存在着这个理论上的缺憾。直到宋代,程颢、程颐兄弟吸收了道家与佛教思想,将儒家中的"理"提升到宇宙本体的高度,并将之作为儒家纲常伦理原则的根据,才完成了儒家本体论的构建。朱熹最大的贡献则在于吸收了二程的"天理"范畴,综合周敦颐《太极图说》和张载的气论思想,从本体层面系统论证了天地万物均以理为存在的根据,进而阐发与构建了中国哲学史上最缜密、最完备的"理本论"思想体系。

1. "宇宙之间一理而已"

许慎的《说文解字》对"理"的解释是:"理,治玉。"根据玉石天然的脉理而治就是理,由此引申义为治理、整理。从《易传》《孟子》《荀子》等著作开始,理已经成为一个具有高度抽象性的哲学概念,或指天地万物所遵循的普遍规律,或指人类社会普遍的道德准则。朱熹之"理",有以上所指的多种涵义,但他更多还是以形而上思维来说明"理"是宇宙万物的根据。所谓形而上,就是相对于有形有象可感知的具体事物的形而下来说,指无形无象不可感觉只可思维的原理或规则。他说:

> 宇宙之间一理而已。天得之而为天,地得之而为地,而凡生于天地之间者,又各得之以为性。

而且这个"理"是先天地而在的,有此"理"才有天地有万物有人类,如果没有此"理",天地万物乃至一切都没有存在根据了,就是说,"理"作为天地万物存在的根据,是永恒的宇宙本体,无形无象,无边无际,无声无臭,无法感知。朱熹还通过创造性地诠释周敦颐"无极而太极"之义,论证"理"的本体特征。他把"极"解释为"至","太极"指"理","无极"则是对"太极"的修饰,"无极"是指无边无际无形无象。

这就是说,"太极"是相对于有形、具体的器物而言的形而上存在,不可以与器物等量齐观,所以"太极本无极"。

形而上是思维的方式,是从逻辑上以抽象的概念来解释宇宙本原与根据,形而下则是现实的存在。形而上与形而下是不可分割的一体。抽象的形而上的"理"与具体的形而下的物是统一的。朱熹对此也十分明确,他一方面说"太极"是天地造化的根本,不同于一般的万物;另一方面也强调,太极,也就是"理"存在于万事万物之中,无所不在,无时不有,并非"太极"之上别有"无极"。这就一方面维护了周敦颐开创的道学体系,另一方面也深化了理学的思想内涵,创造性地发展了儒家思想,为整个儒学奠定了坚实而可靠的基石。

朱熹之"理"既是宇宙万物"所以然"之故,又是事物运行的"所当然"之则。"所以然之故"是对于事物"是"什么的原因、根据的追究。"所当然之则"就是事物"应当"如此的准则、道理。比如"事亲当孝,事兄当弟之类,便是当然之则"。这个"所当然之则"既是先验的、天赋的,也是百姓日用的常道,朱熹还认为"当然之理,无有不善",所以"天理"只是仁义礼智的统称,仁义礼智是"天理"之不同表现方式。通过这样一番论述,朱熹为现实的伦理规范确立了必然性、合理性和绝对性的形而上根据,也将"理"界定为宇宙与人类社会的最高伦理道德原则。

2."有是理则有是气"

朱熹论"理",必兼言"气"。"气"也是中国哲学使用最广泛、最重要的范畴之一,本义指云气,自老庄始,发展为哲学概念,指构成天地万物的精微物质性元素。宋代张载以"气"为最高范畴来解释万物生灭变化,建立了气本论哲学体系。朱熹承继了张载的思想,也认为气为构成万物的质料,"天地间无非气"。但他言气,是在坚持理本论的基础上,兼言"理气",认为理不离气,气不离理,理气相即,理是天地万物之本体，为形而上之道，气是形成万物的质料，为形而下之器。理为体，气为用。

朱熹首先承认，理与气是不同的，"所谓理与气，此决是二物"。但二者"相依"，即是它们相互依存、相互关联、相互影响。朱熹说："天下未有无理之气，亦未有无气之理"，他特别强调，理不是脱离于气而存在的另外的实体物，理即寓于气中，无气则理无安顿处，如果没有气的结聚，理就无所附着，所以"气行则理亦行，二者常相依而未尝相离也"。理与气的相互联系表现为，生人、生物不能只有气没有理，也不能只有理而无气，万物的产生是理气和合的结果。

理气为二，理气相依，仅是朱熹对理气关系主张的一个方面，朱熹还特别强调理本气末。认为形而上之理为形而下之气的根据，理与气实为体与用的关系，而且，"理"决定事物的"性"，是人或物生成的根本，"气"只是事物的质料。对于理气先后问题，朱熹认为理气本来没有先后可言，但如果一定要分出先后，则理在先气在后。不过，这里说的先后，不是从时间上来说，而是从逻辑上说的。

究而论之，朱熹一方面说明理、气之间是相互依赖，甚至是共生共存的，但另一方面强调"理"对于"气"仍是"主"、"本"的地位，理是万事万物的准则与根据，理决定气而非气决定理，以此突出"理"是最高的、绝对的、永恒的与必然的。

3. "万物中各有太极"

"理一分殊"是朱熹继承二程学说并吸收佛教思想而对理、气关系的进一步展开，是理、气关系的具体呈现，也是朱熹所构筑的意义世界的图景。所谓"理一分殊"，就是指"理"只有一个，又存在于"分殊"的万事万物之中，并通过万事万物而表现出来。朱熹还用"太极"概念来阐述"理"的"一"与"殊"的关系与实现方式，他说：

> 太极只是天地万物之理。在天地言,则天地中有太极。在万物言,则万物中各有太极。

就是说,"理"只是"一",但万物各各禀受此"理",这样,物物就具有了自己的"理"。

万事万物虽然禀受"一"之"理"而各具其"理",但"一"之"理"与万物各具之"理"并非一般与个别、全体与部分之间的关系,而是本末体用关系,即"一"之"理"是本、体;"分殊"之"理"是末、用,就是说,具有统一性普遍性的"一"之"理"是万事万物之所以是这样的根据,万事万物各具之"理"是"一"之"理"的体现。他说:

> 万物皆有此理,理皆同出一原……物物各具此理,而物物各异其用,然莫非一理之流行。

既然万事万物各具之"理"都是"一"之"理"的显现和发用,万事万物各具之"理"便具有了"一"之"理"的特性,所以,万事万物各具之"理",对"一理"的"分殊"不是分割成片的"分",他借用佛教思想来表述这个观点说:

> 不是割成片去,只如月映万川相似。
> 释氏云:一月普现一切水,一切水月一月摄,这是那释氏也窥见得这些道理。

"分殊"是万物分别完整地体现整个太极。他还用种子与果实来比喻论证,所一粒粟种,生长为苗,再开花结果,又成粟,一穗有百粒,每粒个个完全;再拿这百粒粟去播种,又各成百粒,生生不已。但每一个粟种都内涵了同样一个"理",这就是"物物各有理,总只是一个理"。

这就说明,"理"本身无论如何"分殊",其本身不会有任何增减之变化,而是绝对的、完善的。而万事万物分殊"一理"又归于"一理",而且都是"一理"的完整体现。那么,万事万物归于"一理",如何又各具特性呢?因为各物禀受的"气"不同,受到"气"之粹驳的影响,所以完整的理在各个具体事物上表现出不同。他举例说,天上下雨,地上大窝窟有大窝窟的水,小窝窟有小窝窟的水,木上有木上水,草上有草上水,随处各别,都是天上下的那个雨水,这是"理一",但大小窝窟、木上草上的水,又各自"分殊"有别,就因为大小窝窟和草木之故,此大小窝窟、草木犹如"气异"。也就是说,水的本性同一,但形态万方。

4. "太极只是个极好至善底道理"

朱熹的"理一分殊"之说最终是为了构筑人伦社会的意义世界。"理一"即"太极"既是宇宙万物"所以然"的本原,又是指生命创造"所当然"的法则,它不仅是绝对的、永恒的,还是至善的、必然的。他说:

> 太极只是个极好至善底道理。人人有一太极,物物有一太极。周子所谓太极,是天地人物万善至好底表德。

这样,他将"所以然"与"所当然"统一起来,也就是将事实与价值统一起来,构筑了一个以"至善"的"理一"为终极根据与目标的宇宙与人伦社会的世界图景。

至善之理在人类社会的分殊中即表现为各种具体的伦理规范,他说:

> 万物皆有此理,理皆同出一原,但所居之位不同,则其理之用不

一，如为君须仁，为臣须敬，为子须孝，为父须慈。

在此，朱熹还特别注重"理一"在"分殊"之"用"中的那种差序之爱，以及个人对不同对象所承担的义务的差别，他说，比如"乾则称父，坤则称母"，但不可弃了自己父母，把乾坤等同于自家父母来看，再如"民吾同胞"，将天下之民比作自己的兄弟，但也还是有分别的。这就承继了自孟子批评墨家兼爱以来儒家所持的"立爱自亲始"的观念，一个人首先是爱自己的父母，然后再及他人乃至万物，一个人对父母、兄弟、他人乃至万物所负有的义务也自有差别，这既是理一，也是分殊。这就为社会安排了一个人人地位、等级不同的人伦关系，要求人人各安其分，这样人类社会就会实现一个合"理"的秩序。

果若如是，人类社会当是和谐大同，人人皆是"至善"圣人，但现实世界为什么不是这样呢？人间之"恶"又是如何产生的呢？朱熹还是用"气"来解释这个现象。他认为，理是假借气而"化育流行"的，阴阳五行之气是所以造作、化育万物的质料，理与气合，而成健顺仁义礼智之性。人是合理与气而成，虽禀赋理之性，但如同万物一样，也因所受气之粹驳而不同。他又用了江水为例，说一江水，你用勺去取，只得一勺；拿碗去取，只得一碗；至于一桶一缸，各自随器量不同，就会有所差异。这个差异这就体现为气质之性，气质之性有善有恶，恶就是这样出现的。

（二）心统性情

性的本义是"生"，后从心，演变为性，与心联系而称为心性。自孟子之后，对人性、心性的探究一直是中国哲学，特别是儒家哲学的重要内容与核心论题之一，称为心性论或心性之学。朱熹继承了张载、二程等人的观点，对心、性与情等范畴的内涵与关系都做了更进一步的分析与阐发,以"心统性情"为纲领,提出了一系列独到的见解,建构起内容丰富的心性论思想体系,达到了中国哲学心性理论发展的高峰。朱熹心性学说与同时代陆九渊的心学体系形成鲜明对比,各自代表了心性论发展的不同方向。

1. "性即天理,未有不善者也"

人性善恶是人性论最基本的问题,孟子、荀子、扬雄、董仲舒、韩愈、李翱等都有过系统论述,形成了性善论、性恶论、无善无恶论、善恶相混论、性善情恶论等观点。到宋代,张载在其气本论基础上将人性划分为天地之性与气质之性,前者禀受的是"太虚"本性,是清澈纯一的,也是至善的;后者是人在"气化"成形过程中,受阴阳二气的影

兴贤书院,位于武夷山市五夫里三市街之籍溪坊(现兴贤村)。据传,肇建年代约在南宋孝宗朝,因其坐落地名为"籍溪坊",而其旁尚建有"籍溪胜境"的牌坊,故可推断为纪念先贤胡宪(号籍溪先生)而构筑。朱熹当年曾在该书院讲学授徒。所谓"兴贤",即寓有"兴贤育秀"、继往开来之意。后书院于元初毁于兵燹。清光绪二十四年(1898)由乡人连城珍等14人首倡,经崇安县令张㴾的支持,进行重建。

响而有清浊、厚薄、缓速之分,也有了善与恶的可能。要作一名君子,就应当"善反之",以"变化气质",达到至善境界。二程借鉴此说,不过将"天地之性"改为"天命之性",指人所受于天道之性,天道也就是理,将张载的气本人性改造为理本人性。

朱熹融汇了张载、二程的学说,也使用天地之性、气质之性,但涵义与他们都有所不同。他认为,天地之性得之于天理,"性者,人生所禀之天理也",故"性即理",也可称为天命之性、本然之性。相对而言的气质之性并非别有一性,从理气相依、浑成一体来看,才说性便已是兼乎气质而言,本然之性即在气质之性中,也就是说,气质之性是天命之性受气质熏染后的一种转化形态。但是从理气不杂、"决是二物"的角度来看,气质之性是理与气的混合,是从现实的人性上来说的。

> 论天地之性则专指理言,论气质之性,则以理与气杂而言之。

朱熹论性之善恶,就依此展开。就天地之性而言人性,则是纯粹至善的,"性即天理,未有不善者也"。天地之性也决定了人与物的分别,人能得仁义礼智之禀,而物不能得其全,所以人才为万物之灵。就气质之性而言人性,则有善有恶,其原因在于气禀不同:

> 人之性皆善,然而有生下来善底,有生下来恶底,此气禀不同。

> 气之为物,有清浊昏明之不同。若禀其清明之气,而无物欲之累,则为圣;禀其清明而未纯全,则未免微有物欲之累,而能克以去之,则为贤;禀其昏浊之气,又为物欲之所蔽,而不能去,则为愚、为不肖。

所以要"存天理,灭人欲"。

综之，朱熹既兼言性气，又注意性气相分，一方面认为人性本善，坚持了天理至善的绝对性，另一方面又提出人因禀赋气质不同与物欲所蔽而有善恶贤愚之分，避免把恶归之于性，从而显明了修养的必要性、重要性与复归善性的可能性。

2."未有无性之情"

情作为一个与性相对应的哲学范畴，是从荀子开始探讨的，此后，历代哲人在性情及其关系问题上多有高论，到宋时，一般从"已发未发"的角度来讨论。尤其是二程以后，杨时传罗从彦，经李侗而至朱熹，史称道南一脉，将"未发之性"与"已发之情"截然分开，认为情是人性的外在表现，有善有恶，而"未发之性"则是纯然而善的，所以其相传旨诀为在静中体认人之本性。后来经过与张栻等湖湘学派的讨论，朱熹改变了以往的看法，认为性情一物，未发之中为性，是心之体，已发为情，是心之用；心统性情，贯通于已发未发之间。具体阐述从以下几个方面展开。

其一，性情一体。朱熹认为情与性本是一物，性发为情，情根于性，没有无性之情，也没有无情之性，有性便有情，由情以见性，"有这性，便发出这情；因这情，便见得这性"。之所以有性情之分，只是从已发、未发角度来说的。其二，性体情用。以性为体，以情为用，这是针对胡宏"性体心用"的观点而提出的，他认为胡宏把心与性相对而言，那么"情"就无处着落了。他从张载的"心统性情"之说获得启发，认为性是体，情是用，心则统而贯之。朱熹用这种方式谈心、性、情的关系，实则是为了落实情感的地位与作用，因为性虽然是人存在的本体依据，但情感才是人存在的现实方式，所以一定要从情上见性。其三，性静情动。在动静问题上，朱熹认为性不动，但包含了动静之理，性感物而动，发出来便是情。其四，性是未发，情是已发。朱熹说：

> 以其未发而全体者言之,则性也;以其已发而妙用者言之,则情也。

就是说,已发之情表现为外在的情感活动,而未发之性则为内在本质。

最后,朱熹还是依其"性即理"之说,将性情归到为善去恶的修行上来。他认为,性本为善,具体而言,仁义礼智就是性之四德。情也不仅是喜怒哀乐,也包括恻隐、羞恶、辞让、是非这"四端"。他还阐述说,性与情虽然有未发、已发的差别,但在"善"上却是血脉贯通的,即是一体的。情显性,情之本亦为性,所以情本亦善,但情若发而不中节,就流于不善。于是,"性"为善,动而为"情","情"可善可恶,那么谁来导向善呢?朱熹用"心"来解决这个问题,提出了"心统性情"之说。

3."性情皆出于心,故心能统之"

"心"是中国哲学中的一个特殊概念,自孟、荀、庄分别系统阐述以后,成为一个既指人的物质、思维和认识器官,又被赋予了道德乃至本体属性,贯通了人性论、认识论、修养论、政治观、天道观等领域的重要范畴。朱熹以二程的心体用说和张载的"心统性情"观为思路,提出了自己的系统学说。

在朱熹哲学中,心也有多种涵义与功能。首先,心有知觉功能,"有知觉谓之心"。知觉不仅指人的认识与思维能力,也指认识思维的内容以及对此认识思维能力的具体运用。朱熹认为,心的知觉能力不仅是无限的,而且能够明是非。其次,心体虚明。在朱熹看来,心为气之灵,"心,气之精爽"。但心体是湛然虚明的,犹如镜子一般,没有尘垢之蔽,本体自明,物来能照,若能保持这种虚明来认识客体,就不会偏差。其三,心为主宰。他说:"心者,主宰之谓也。"此"心"主宰对象包括"一身"、"万事"、"万变"。在这里,心的主宰作用主要指在认识过程中的主导与支配作用,而非如理一般是宇宙万物的本体与主宰。

正是心具有主宰能力,所以"心统性情"。在朱熹这里,性与情相对,而心对应于性情,"统"字有两层含义,一是"兼",一是"主"。从存在上说,指心兼备而具性与情;从功能而言,指心统领性情、实现性情,心有主体与主导之义。

心对性情的主宰就是统御管摄性情,朱熹认为,性、情虽然分别是"心"的体用,但"性"有已发未发之分。未发时为"性",若无"心"的主宰,也可能丧失天性。

未感物时若无主宰,则亦不能安其静,只此便自昏了天性。

就是说,虽然天性本善,但若不主敬涵养,也会受到干扰而丧失本性,这时心的主宰性就体现为存心养心,保持善性。性已发时,便是"情","情"的表露或发泄,如果循"性"而动或率"性"而为,就不能说是人欲,这是因为"心主";如果与性相违而动或动而"过与不及",那就成人欲了,此时更需要"心主"。这样,朱熹的"心统性情"就是主张存养与省察结合起来在未发已发两端同时用力以保持或复归至善,所谓"未发已发,只是一件工夫,无时不涵养,无时不省察尔"。

4."仁者天地生物之心"

仁是儒学的核心,也是朱熹理学的核心。他在与张栻反复探讨之后,两人分别著《仁说》,形成了自己系统的仁学理论。他的仁说吸收了张载的"天地之心唯是生物"、程颢的"天地以生物为心"和程颐的"心生道也"的思想,提出了系统化的生即心、心即仁的学说。可以说,仁说是朱熹"心统性情"说的最后完成,也是朱熹哲学的最终归趣。

天地以生物为心,而人以仁为心。他把"生—心—仁"联系起来,就是以"生"释"心"与"仁"。"生",是创生、生成、生长的意思,本来是理学的核心内容,所谓"天理"实质上就是"生理",是生命创造的原理、原则。心的最初意义也是生,以生释心,根本意义是以生释仁,生就是仁,仁就是心。朱熹说:

> 发明心字曰:一言以蔽之,曰生而已,天地之大德曰生,人受天地之气而生,故此心必仁,仁则生矣。

人禀受天地生物之心而为心,具有天地之德而成为"仁德",仁就是德性之全,人就是创造主体。善之仁的存在根据就是天地之生。如此以生释仁,不仅赋予了天地生物以伦理价值,也是对生命价值的高度肯定,更确立了人实现天地之大德的根据与主体性地位。

朱熹进一步用"仁者,心之德,爱之理"来表述。"心之德"是从心上说仁,他比喻道,"心"好比谷种,而"仁"是谷种生发之"性"。所以,"心之德"所承载的是"生"之意,"仁"就是生之德。"爱之理"是从性情上说仁:

> 仁者,爱之理。理是根,爱是苗。仁之爱如糖之甜、醋之酸。爱是那滋味。

就是说,仁是爱的根本,是体,爱是仁的发用,是用,仁与爱是性情体用关系,是合一的,是"心统性情"说的展开与落实。

仁不仅是"心之德",而且是"本心之全德",统领着仁义礼智诸德,即"包四德",他说:

仁者,仁之本体;礼者,仁之节文;义者,仁之断制;智者,仁之分别。

就是说,仁既是一个与义、礼、智并列的具体德目,又是统领、兼备其余德目的"全德"。

总之,朱熹的仁说在"心统性情"的理论框架下,以生释仁,以体用论仁爱,以心兼仁爱,既把儒学提升到本体论高度,也确立了人的主体性创造性地位,是对儒家仁学的一个重要发展。

(三)格物穷理

儒学也可称为"大人"之学,就是学作君子,乃至成贤成圣,由内圣成德而外王事功。朱熹哲学也是如此,既是德性之学,更是实践之学。他继承了程颐"涵养须用敬,进学在致知"的观点,以此作为"尊德性"与"道问学"两大纲目,建构了以"居敬涵养"、"即物穷理"与"致知力行"为主要内容的修养功夫论体系。

1. "敬字功夫,乃圣门第一义"

"敬"为会意字,从攴(pū),以手执杖或执鞭,表示敲打,从苟(jí),有紧急、急迫之义。本义:恭敬;端肃。恭在外表,敬存内心。多表达一种宗教式的情感,如敬天、敬神、敬祖等。在《论语》中,孔子曾多次谈到"敬",包括"居处恭,执事敬,与人忠","修己以敬","言忠信,行笃敬"等,将敬由对外在天命的敬畏转而为内在道德的修养。以后儒者论之不多,直到程颐才将"敬"特别提出为明理存诚的根本方法。朱熹评价说:

程先生所以有功于后学者,最是敬之一字有力。人之心性,敬则常存,不敬则不存。

他又进一步强调了"敬"在修身养性中的重要作用:

> 敬字功夫,乃圣门第一义。彻头彻尾,不可倾刻间断。
> 敬之一字,真圣门之纲领,存养之要法。

朱熹论敬一方面着力"敬以直内"涵养心性,认为心性都是天赋于人,所以要存心养性,存本体之心,养至理之性,就能"事天"达至天人合一的境界。存养之时,敬如"畏"字,必须有一种如临大宾、如承大祭的虔诚、谨畏心态,要收敛身心,整齐纯一,不能放纵,同时又要"常惺惺",就是保持警省,由心作主。

另一方面,敬作为一种实践工夫,是动静兼顾、内外兼及的。朱熹认为身心内外,二者相互作用相互影响,即心的居敬必然表现出外在的恭敬之貌,而身体的整齐严肃也可保证心灵的惺惺状态。

> 未有外面整齐严肃,而内不惺惺者。如人一时间外面整齐严肃,便一时惺惺;一时放宽了,便昏怠也。

如此"身心肃然,表里如一"就能做到"主一"和"专一",才能使自身心性光明纯洁,仁心仁性发辉朗照。

朱熹还认为,主敬不仅是修养的内外功夫,也可以贯穿到格物致知而成始成终。

2. "穷至事物之理"

"格物致知"是中国哲学、特别是儒家哲学中的重要思想之一,由《大学》首先提出。朱熹对韩愈推《大学》使之名闻天下表示赞赏,但对其只讲正心诚意,不论格物致知提出批评,认为是不分主次、不明重点、语焉不详。他认为,格物才是《大学》的核心思想,"此一书之间要紧只在格物两字认得……本领全只在这两字上",进而,他对格物致知提出了自己的论述。

在《答江德功》中,朱熹坦言自己的格物说本于二程把"格物"解释为"穷理":

> 格,至也,物,犹事也。穷至事物之理,欲其极处无不到也。

但也不完全苟同,而是更为深入详尽,更加强调"至其极"。至极,有两层意思,一是穷极事物,一是穷尽事理。格物之物,在朱熹看来不仅是外在于人的事事物物,也指人伦关系,甚至意念思维。所以格物,就是要人就事物上理会。且自一念之微,以致事事物物,若静若动,凡居处饮食言语,无不是事。而且"盖人心之灵,莫不有知,而天下之物,莫不有理"。所以要一物一物地去格,"渐次穷尽",否则,一书不读,就缺少了一书道理;一事不穷,就缺少了一事道理;一物不格,就缺少了一物道理。必须一件一件地去探究理会。不仅如此,每格一事一物,还须至物之极,深入彻底地穷极事物之理。他说:

> 格物者,格,尽也,须是穷尽事物之理。若是穷得两三分,便未是格物。须是穷尽得到十分,方是格物。

经历了这么一个由近及远、由粗到精、由表及里、由浅入深的积累,有朝一日就会"豁然贯通"。

这"豁然贯通"的理,又是什么呢? 正是事物所分殊的那一个"天下公共之理"。但因此理堕在形气之中,不全是性之本体了,所以除了"气极清而理无蔽"的"生而知者"圣人外,众人自身所本有的"性"或"理"则被所禀之昏浊偏驳之气所障蔽,根本无法像圣人那样与天地之性无所间隔,天地之理了然于胸。所以,他强调一般人必须通过"格物穷理"来"学以求其通"。理有"所当然之则"和"所以然之故",前者为德性之知,后者是自然知识,朱熹的贡献在于注意到了自然知识的重要性。

> 虽草木亦有理存焉,一草一木岂不可以格,如麻麦稻粱,甚时种,甚时收,地之肥,地之墝,厚薄不同,此宜植某物,亦皆有理。

可见,朱熹的"理"并不局限于人伦之理,它包括自然物理,也就是说,朱熹之"格物穷理"亦"格"自然之物、穷自然之"理"的。但就其根本而言,还是归结到价值意义的德性之知上,即"吾心本然之知"。

3. "论轻重当以力行为重"

格物的目的在于穷理,而天理在人心,人心又本有知的能力,所以格物与致知不可分离,朱熹进一步分析了格物致知的关系。

二者的区别在于,一是方向不同,致知是从我出发,由我知推及于物,"格物"是从物上着手,探究事物之中的"理";二是方法不同,格物是量的积累,感性的活动;致知是质的飞跃,理性的活动。或者说,格物是具体的、个别的,致知是普遍的、全体的。致知是对格物的总结概括。朱熹说:

> 格物是零细说,致知是全体说。

另一方面,二者又是互补互成的统一体,朱熹说:

> 致知、格物,只是一事,非是今日格物,明日又致知。格物,以理言也;致知,以心言也。

可以说二者是一个事物的两个方面或一个过程的两个阶段,相互依赖而不可分离,可以说,致知在格物中,并通过格物来呈现自己。

格物是为了穷理,也即致吾知,而格物致知的目的又是为了力行,即将天理的原则贯彻落实到个人的修行实践中去。朱熹的格物虽然也注意"天之所以高,地之所以厚,鬼神之所以幽显,又至草木鸟兽,一事一物,莫不皆有一定道理",但究竟而言,他讨论的主要还是道德修养方法,他说"物,犹事也",将"物"理解为人类社会中的人伦日用之事,所以格物也就是在日常生活中穷究其理。他说:

> 君臣、父子、兄弟、夫妇、朋友,皆人所不能无者,但学者须要穷格得尽。事父母,则当尽其孝,处兄弟,则当尽其悌,如此之类。须是要见得尽,若有一毫不尽,便是穷理不至也。
>
> 穷理格物,如读经看史,应接事物,理会个是处,皆是格物。

他认为做学问不是要有所他求,不过是想明白天理而力行之,所以圣贤教人必然是以穷理为先,而力行以终之。

朱熹强调知行合一,就如车之两轮,鸟之两翼,相须互发。他以行走为例,左足行则右足止,右足行则左足止,只有一行一止相互发用,才能前进。知行还是相互促进的,"知之愈明则行之愈笃,行之愈笃则知之益明",知道得越是明了透彻,行动就会越发笃定持久;行动得越坚定,参透得越明白。若论先后轻重,则知先行重,论先后,知为先;论轻重,行为重。他强调,行既是促使知深化、达到真知的关键,也是验证是否真知的标准,他说:

> 欲知知之真不真,意之诚不诚,只看做不做如何。真个如此做底,便是知至、意诚。

而且,只有"行",才能实现格物致知所穷的至善之理,即达到与理合一的境界。

善在那里,自家却去行他,行之久则与自家为一,为一则得之在我,未能行,善自善,我自我。

如此看来,格物致知既是朱熹理学的落脚点,又是起点,由此而进,诚意正心修身齐家治国平天下——这正是朱子之学的旨趣所在。

五 《四书集注》与中国文化

《四书集注》是朱熹倾注毕生心血创作的一部著作,不仅全面继承发展了北宋以来兴起的新儒学,集儒家思想之大成,因而被誉为中国传统文化发展的一个重要里程碑;也因其博大精深、内涵丰富,涉及中国文化的诸多方面,尤其对中国哲学、政治、伦理、教育、史学、文学的发展都作出了巨大贡献,产生了重要影响。

(一)《四书集注》与儒家思想

楼宇烈先生在论说儒家学说的历史演变时指出,自孔子授徒讲学开始,儒家成为诸子百家之一,虽然孔、孟、荀诸子都提出了一些治国理念与制度设计,但因其主要精神在于强调以"仁义"为核心的王道之治,过于理想化,太脱离当时诸侯称霸、群雄割据的社会现实了,因而始终没能得到当权者的赏识和采用。但它提出的一整套道德修养学说在"士"阶层中产生了深远的影响,仁义礼智信、"内圣外王"等等价值观成为知识分子提高自身修养、追求人生意义与社会价值的共识。到汉代,以汉武帝"罢黜百家、独尊儒术"为标志,儒学的政治功能加强,确立了官方意识形态的地位。但是,当儒学的一些主要内容被政治制度化以后,它就成了不管你自觉与否、自愿与否,都必须遵守的外在规范,因而它的修养意义和作用就大大地被减弱了。这样,儒学制度化方面的成功,却成了它在道德修养功能方面走向衰危的契机。到了汉末,政治制度化了的儒学礼教(名教),一方面成为束缚和压制人的自然感情的东西,一方面又成了那些伪君子沽名钓誉的工具,因而引起了人们的强烈不满。玄学乘此流弊而起,调和名教与自然(性情)的矛盾,明确地提出了"道明其本,儒言其用"。所以,自从玄学诞生以后,儒学尽管在政治制度层面仍然保持着它的统治地位,而在思想修养层面的功能,却已为玄学或道家以及道教所取代。东晋南北朝以后,尤其是隋唐时期,佛教思想的影响又超过了玄学,对士大夫的修身养性产生了巨大影响。所以,从魏晋南北朝至隋唐五代末约700年间,儒学只有那些体现为政治制度化方面的东西,在统治阶层的维护下继续起着作用。

佛道学说的盛行,引起了一部分儒者的不满与不安。他们认为,以佛道理论修身养性将使人们不守儒学礼法,从而危及社会的统治秩序。于是,他们以佛教提倡出家有违忠孝之道,僧侣不仅不从事生产,而且其佛事活动、庙宇建筑等又劳民费财等为由,鼓吹辟佛。上书唐宪宗《谏迎佛骨表》而遭贬黜的著名文学家韩愈就是其中代表性人物。但是,也有另一部分儒者注意到了佛教理论并不是完全与儒学相冲突的,只要利用得好,可以与儒学互补。如韩愈的好友、著名文学家柳宗元,就指出韩愈对佛教的批评是肤浅的,是"忿其外而遗其中,是知石而不知韫玉也",即指责韩愈不懂得佛教理论中所包含着的精华。他认为:

> 浮图诚有不可斥者,往往与《易》《论语》合。诚乐之,其于性情奭然,不与孔子异道。

就是说,佛教中有些道理是与儒学的《易》《论语》中所说道理相合的,如果认真地研究和实践,它对人们性情修养所发生的作用,与孔子所说的道理没有两样。还有一些儒者则更为高瞻远瞩,他们借鉴佛道心性形上学理论,主动地去到儒学内部,发掘可与佛道相抗衡的理论与经典根据,并据此建立起儒学的心性修养的形上学理论体系来。

前文也说到,先秦儒学主要是告诉人们应该做些什么,但对于为什么要这样做,尤其是这么做的根据何在等形而上理论问题则很少探讨。而在佛、道两家学说中,则对世界、社会、人生等问题中的形上学理论有较多和较深入的探讨。这也正是李翱所说的,人们"皆入于庄、列、老、释"的原因。宋代的理学家们接受了这个教训,所以在阐发先秦儒学的基本实践原则时,竭力从形上学理论方面给予提高。性理学是在构筑起了一套"天理"、"心"、"良知"的体系之后,才使儒学在形上学理论方面能与道家的"道",佛教的"实相"、"佛性"等形上学理论体系相抗衡。

朱熹的《四书集注》正是总结和发展了宋朝建立以来的道学,乃至孔孟以来的整个儒学,建立了一套思想精深、体系庞大的儒学系统,使儒家思想哲理化,儒家经学义理化,儒家道统体系化。他还通过兴办书院、讲学辩论、刊刻传布等方式使儒家学说普及化,从而重新确立了儒学在中国社会思想文化中的主导地位,并深入民间在中华民族意识深处扎下根来。

朱熹在宋儒思想的基础上,进一步把儒家思想哲理化。在道、气、理、心、性、阴阳、太极、器物、体用、本末、动静、已发未发、情、欲、知行等等范畴及其关系的论述上提出了一系列重要的命题、理论和独到见解。在本体论上以理会气,理气浑然一体,构建了一套贯通宇宙与人生的"无极而太极"的思辨框架;在心性论上创发"心统性情"之说,既确立了人的主体性,又为其奠定"天理"之依据。他以儒家伦理为本位,批判地借鉴吸取佛老精致的思维方式论证其天理心性之说,大大提高了儒学的思辨水平,从而使儒学达到中国哲学前所未有的理论高峰。

朱熹作为宋代经学的集大成者,在把儒家经学义理化的过程中起到了突出的作用。在对儒学的承继与诠释中,朱熹既重视训诂注疏,对诸经详加考订,更以阐发义理为宗旨。断定《周易》为卜筮之书,《诗经》讲男女之爱,《尚书》为历史文献,等等;集40年之功,着力诠解"四书",反复修改,逐字推敲,终成《四书集注》,使之最终取代"五经"而成为儒家最为重要的经典。所以蔡方鹿先生说:

> 朱熹关于治"四书"的入道次第,以及先"四书"后"六经"的治经原则,不仅改变了经学发展的方向,创新了经学,为发明道统及道学作论证,而且作为公认的读书治学程序,广泛深远地影响了中国后期帝制社会的教育达七百年之久。

在传承儒家学说方面,朱熹首创"道统"二字,从形式上完善了儒家的传授体系,他还提出"十六字心传"说丰富了道统说的思想内涵。在朱熹看来,《尚书·大禹谟》的"人心惟危,道心惟微,惟精惟一,允执厥中"与《中庸》体现的"孔门传授心法"相通,是以义理之心即道心为标准,随时而为中,通过心心相传,心灵领悟,把圣人之道传授下来。而在学风上又重现了先秦子学尚辩重论的学术精神,不仅批评佛老,还与儒学诸派如湖湘学派、江西陆氏心学、浙东事功学派等展开激烈争论,促进了思想的繁荣与深入。

更为重要的是,朱熹对儒学的继承和发展,不是仅把儒学作为书斋里的学问,他充分发挥《中庸》"尊德性而道问学,极高明而道中庸"之旨,认为圣贤气象与人格生命的培养,乃在于涵养用敬、进学致知的双重功夫上,其中尤其强调格物穷理和具体的社会、政治、伦理之实践一面,反对空谈性理、不肯下学的空疏之论,形成了儒家哲学既超越又在日用之中的理论特色。他也身体力行,积极支持与建设书院,对儒学的传播乃至普及都作出了功不可没的贡献,发挥了儒学经时济世的社会功能和作用。

(二)《四书集注》与中国哲学

宋明理学是在回应佛道思想的冲击,进而融汇佛道思想构建的一个新的儒学体系。朱熹也是在出入佛老十几年之后专意理学,在与佛道的论争之中,借鉴吸收了佛道的思维方式和大量的思想观念。这不仅丰富了儒家学说,也促使佛教进一步中国化,成为中国文化的一部分,使道教由出世主义向世俗化逐渐转变,进而形成了儒学为本位、三教融合的发展大势。

朱熹《四书集注》所建构与体现的理学总体而言也可称之为心性哲学,通过对"性与天道"问题的深入探讨,以儒家经典为依据,发掘了先秦儒家的心性形上学思想资源,尤其是重构和阐发了孟子性善论之旨,以"心统性情"论为核心,认为此性善之性即仁义之性,与天道、天理贯通,从而确立了儒家价值的形而上根源;同时强调心主宰性情两端,确立了人的主体性地位。其"格物穷理"之说就是通过居敬涵养、即物穷理、格致力行等修养功夫去体认作为"性命之理"的具体道德原则和人伦规范,并使人在践履中有规可依、有矩可循、有阶可历、具体易行,体现出明显的理性主义特点与现实主义品格。相对而言,以陆九渊和王阳明为代表的心学体系,强调"心即理",此"本心"就是德性,本心之外无道,故而只须"发明本心"以"立其大者"就自能亲亲、仁民、爱物,无须勉强,自然而然,简易直截。朱陆之辩于他们在世时就相持不下,后学更是争其门户、互不相让,绵延数百年至今余波未已,成为学术史上一桩著名的学术公案。但新儒学就是在这样同中有异的反复辩难中不断精微、成熟和发展。心性之学不仅成为儒家思想的基础与核心,也是其深刻影响佛道等其他学说的一个主要思想方式与内容。

赖永海先生认为,隋唐佛教的中国化集中体现在佛教的儒学化,或者进一步说,集中体现在佛教学说的心性化、人性化。在历经隋唐之盛后,佛教在宋儒的批驳以及宋王朝推崇道教的情势下,一方面坚持己学,另一方面也参照儒士们的批评意见,作出回应与调适,实际也是继续其儒学化、伦理化,或者说心性化、人性化历程。比如针对朱熹对儒佛不能两行的观点,佛教高僧提出儒学佛教各有其能、各有其智,可相资而善世;针对朱熹批评佛教乃空寂之学,佛教高僧反驳说那是误解,是因为未曾博览佛经,只知佛教有"枯定"之小乘,而不知亦有"定慧双修"之大乘,只知有"空如来藏",不知有"不空如来藏",而且还有"中道不居"、"空不空如来藏"等学说,批评佛教为"虚空寂灭"之教,自然与事实不符;针对朱熹批评佛教废弃纲常伦理,佛教高僧以"止杀好生"、"教人为善"自辩,甚至用佛教伦理类比儒教伦理,说明佛教并非废弃伦理。总之,以朱子为代表的儒士对佛教的认知与评判,对佛教发展产生了重大而深远的影响,主要有三个方面:在承续佛教基本精神、基本内容的基础上,不断删改发挥与充实佛教思想;继续推动佛教基本特质的中国化,即儒学化、伦理化,即心性化、人性化;开掘佛教中入世、治世资源,推动佛教的世俗化、人间化。

有宋一代,道教受到朝廷推崇,大兴于世。相较佛教而言,道与儒一样都是中国本土原创思想,且一直都在相互融突中发展。朱熹本人对道家思想与道教也是深有研究,甚至自诩比众多老庄注疏者高明,晚年还曾注释过道教著作《阴符经》与《参同契》,他所使用的一些哲学范畴,如太极、无极、道、理等等均取自道家;一些思想观念,如阴阳、动静、道气互动变异等也都与道家相通。但道家思想与道教在主流思想中相较儒佛总体上仍一直处于式微地位,道家在争竞之中采取的策略往往是联儒批佛,故而对儒家比附与吸收较多,尤其是心性学说。比如元末明初全真道士王道渊以理学体用之说阐释性命双修,直接袭用朱子天命之性与气质之性观点论人性善恶。全真道更是主张三教合一。以《道德经》《般若波罗蜜多心经》《孝经》为主要经典,教人"孝谨纯一"和"正心诚意,少思寡欲"。

朱子学说作为官学影响中国六七百年,历代都有承续与研究朱子之学的思想大家,直到近代仍备受推崇,冯友兰于民国期间著成《贞元六书》,构建了"新理学"体系,是"接着"程朱在讲,用新实在论的方法对程朱学派的"理在气先""理在事先""无极而太极""理一分殊""有物必有则"等范畴进行了创造性诠释,以期开辟出中国哲学发展的新天地。

(三)《四书集注》与中国教育

朱熹既是中国著名哲学家,也是教育家,一生讲学约50年,办书院、定学规、编教材,对中国后世的教育思想乃至教育规制都影响巨大。

《四书集注》本就是朱熹编订的教材,在各地书院通行。他的教育思想自然也随之广泛传播,主要有以下几个方面:

第一,"学以明伦"的教育宗旨。朱熹认为教育的根本宗旨就是"明人伦"。在《孟子集注》中,朱熹说:

朱熹故居武夷山市五夫镇府前村中的朱子巷

父子有亲,君臣有义,夫妇有别,长幼有序,朋友有信。此人之大伦也。庠,序,学,校,皆以明此而已。

在《离娄》篇注舜"明于庶物,察于人伦"称:"明,则有以识其理也","察,则有以尽其理之详也","物理固非度外,而人伦尤切于身,故其知之有详略之异"。这与儒家学说的根本宗旨是一致的。

第二,教育目标是培养"材全德备"、"中正和乐"的"成人"。朱熹在《论语集注》中《宪问》篇注说:

成人,犹言全人。

具体而言就是:

知足以穷理,廉足以养心,勇足以力行,艺尽以泛应,而又节之以礼。和之以乐。使德成于内,而文见乎外。则材全德备,浑然不见一善成名之迹;中正和乐,粹然无复偏倚驳杂之蔽,而其为人也亦成矣。

就是通过穷理、养心、力行、泛应等自我修养,再加上礼乐的节制和规范,内外交养,达到"德成于内而文见乎外",就可以成为"材全德备"、"中正和乐"的"成人"。

培养"成人"是朱熹理学教育的现实目标,但"成人"还不是最高理想目标,"非其至者",最高理想目标则是圣人,"若论其至,则非圣人之尽人道,不足以语此"。

第三,追求"孔颜乐处"、"圣贤气象"的精神境界。"孔颜乐处"和"圣贤气象"是宋儒极力推崇和大肆渲染的精神追求。朱熹继周敦颐、二程之后,也着力提倡。《论语·述而》孔子自述:

> 饭疏食饮水，曲肱而枕之，乐亦在其中矣。

是谓孔子之乐。《论语·雍也》孔子称赞颜回：

> 贤哉，回也，一箪食，一瓢饮，在陋巷，人不堪其忧，回也不改其乐。

是谓颜子之乐。周敦颐首次将两者糅合为一，提出"孔颜乐处"的命题，并常令二程思索"仲尼颜子乐处，所乐何事？"。朱熹在《论语集注》注释这两章时，引周、程之意，提出：

> 圣人之心，浑然天理，虽处困极，而乐亦无不在焉。

鼓励学者"从事于博文约礼之诲，以至于欲罢不能而竭其才，则庶乎有以得之矣"。就是要追求一种自我超越和规范顺应，而能安贫乐道、以苦为乐的精神境界。

所谓"气象"，是指人的内在修养和精神世界的外在表现，音容笑貌、言谈举止等所构成的综合性的人格形象。朱熹所谓"容貌词气，乃德之符也"。朱熹等理学家所宣示的"圣贤气象"，就是将他们所推崇的圣贤的人格形象展示出来，作为人们仰慕和仿效的典型榜样。

"孔颜乐处"是一种内在精神境界的追求，"圣贤气象"则是一种外在人格形象的表彰。内外交养则构成理学教育实现培养目标的有效道路。

第四，主张"教有成法"。朱熹十分重视教学方法，并积累了丰富的经验，提出了"因材施教"、"启发诱导"、"循序渐进"等教育原则。

"因材施教"是孔孟的教育方法，但概括出这一原则的正是朱熹

的《四书集注》。在《孟子集注》中《尽心》篇中,朱熹注说:

> 此各因其所长而教之者也。

章末注解:

> 圣贤施教,各因其材,小以成小,大以成大,无弃人也。

《论语集注》中《先进》篇提到:

> 孔门分德行、政事、言语、文学四科,著名弟子十人。

朱熹注道:

> 孔子教人,各因其材,于此可见。

朱熹非常重视"启发诱导",注解《论语·述而》篇的"不愤不启,不悱不发"时,他说:

> 愤者,心求通而未得之意;悱者,口欲言而未能之貌。启,谓开其意;发,谓达其辞。

又引程颐之说:

> 愤悱,诚意之见于色辞者也,待其诚意而后告之。既告之,又必待其自得,乃复告尔。

> 不待愤悱而发,则知之不能坚固,待其愤悱而后发,则沛然矣。

这一注释被认为是对孔子启发式教学比较准确的解释。《孟子集注》中《尽心》篇注中提出,要采取"匪难匪易"的方法,善于引导学生经过努力而有所前进,但不可降低要求,迁就学生,要做到"卑不可抗,高不可贬;语不能显,默不能藏"。不卑不高、若语若默有助于调动学生积极性,启发学生的思维,以利于自得深造。这正是启发式教学的真谛。

《四书集注》还提出了"循序渐进"的原则。朱熹在注释《论语·宪问》篇中"不怨天,不尤人,下学而上达"时提出:

> 此但言其反己自修、循序渐进耳。

《孟子集注》中《尽心》篇注有:

> 此章言圣人之道,大而有本,学之者必以其渐乃能至也。

指出学习和修养都是像登山一样,从低处到高处,从平易处到幽微处,从眼前日用到深远幽妙。

朱熹的教育思想在他创办的书院中得到了具体的贯彻落实,并进一步影响了中国教育。元代程端礼依据朱熹的教育思想编订《程氏家塾读书分年日程》,作为私学的教育内容和程序,在当时产生很大影响,曾颁行学校。明初诸儒读书,即将此奉为准绳。其内容首录朱熹所订学规为教学纲领,次依朱子读书法规定教学程序,大致把教学过程分为8岁以前的启蒙教育、8—15岁的小学教育和15—23(或24)岁的成人教育三个阶段。蒙学阶段主要读《性理字训》和朱子的

《童蒙须知》;8岁以后读四书五经等15种,15岁以后读朱子的《四书集注》,其后才是读经、史、文的相关著作。程端礼的这种分年读书日程是对朱熹治学次第和教学内容的继承,并加以系统化,长期影响了中国传统教育。

(四)《四书集注》与中国史学

朱熹在《四书集注》中系统阐发了儒家的道统说,以他自己的观点建构了儒家学说的正统传承体系。根据葛兆光先生的说法,这实际上也是在虚构一种历史系谱,把在"过去"曾经出现过的,又经过他们精心挑选的一些人物或思想凸现出来,按时间线索连缀起来,写成一种具有某种暗示性意味的"历史",并给这种历史以神圣的意义,来表达某种思想的合理性与永久性。朱熹构建的道统,既是圣贤人物的历史谱系,更是承续"圣人之道"的思想谱系;既是他的世界观,也是他的历史观。他把天理论、道统论引入史学研究领域,建立起义理史学的思想体系,认为一部历史就是天理流行的历史,顺天理则治,逆天理则乱,也即是圣人之道演变、发展的历史。他倡经史结合,以经为本,即哲学之道统与史学之正统相结合,而以道统观念作为确定正统的内在依据,所以在取舍史事时,当以"理"为最高标准或原则。他把《春秋》大义概括为:

正谊不谋利,明道不计功;尊王,贱伯;内诸夏,外夷狄。

以此观念为指针,他辑成《资治通鉴纲目》,提出了一套理学的史学理论,成为后来修史者的圭臬。

元丞相脱脱服膺朱子史学,据此以修《宋史》,首创《道学传》,以道即理作为评判历史是非、世代污隆的标准。认为道的幽明、推行与否直接关系到"世代之污隆",决定天下国家的治乱,如果想要恢复三代王道之治,就必须取法于道,按道的原则从事治理。南宋末王柏盛赞《资治通鉴纲目》的价值,认为其书续《春秋》也无愧,并将其刻板印刷于稽古堂,以扩大其影响。明代方志学家黄仲昭也认为朱子以圣人之道为纲,以垂鉴戒,其道载于经,事记于史,贯道于史。如果脱离道而论史,即使所论今古史实详尽无遗,也不过是玩物丧志,无补于修己治人之道。他所编的史书即突出教化功能。清帝康熙犹为看重朱熹的《资治通鉴纲目》,御批达百余条,赞扬朱熹在司马光编年事例的基础上,以正统观念褒贬史事,揭示了千秋兴废的根源,把四千年治乱的缘由彰明于世。康熙的御批使《资治通鉴纲目》成为钦定的官方史学教科书,其影响超过了一般的史学论著。

(五)《四书集注》与中国伦理风俗

自宋末《四书集注》被立为官学,到成为科举考试的内容与标准,朱子之学逐渐成为元、明、清的官方主流意识形态,在相当程度上恢复了儒学作为伦理道德、身心修养层面的社会功能,从而与作为政治制度层面的儒学相呼应配合,进一步强化了儒学在社会政教两方面的功能。

朱熹治政之时即特别注重以三纲五常之教化民导俗,不仅编纂《古今家祭礼》《家礼》等书,撰写《乞颁降礼书状》《申严婚礼状》等,还要求颁行宋王朝制订的《政和五礼新仪》等等。一系列举措收到一定成效,如在同安,同安县志记载,自朱子簿邑以来,以圣贤身心之学启迪诸士,使当地"礼义风行,习俗淳厚",在漳州也使当地民风大变,"四境狗偷之民,亦望风奔遁,改复生业"。朱子之学被立为官学后,其道德学问也风靡社会伦常。朱熹长期生活的地区就深受影响,民间乡里奉行朱熹倡言的纲常礼教,不敢"逆天悖理","犯法违法",甚至婚丧嫁娶、吉凶节俗都依朱子家礼办事,由是当地成为"守礼敦义,溢于阊闾"之乡,泉州被誉为"海滨邹鲁"。在《朱熹在建阳》一书中有专文论说朱熹理学对当地民风的影响,称其"潜移默化的作用,至今遗风犹存"。文中认为朱熹对当地影响最大的是教育。他与他的弟子们在建阳大兴书院,使得当时建阳的书院达到 14 所,"讲帷相望",读书风气兴盛,"人家不必论贫富,唯有读书声最佳"。这些书院在明代大多重修并有新建,官学与民间办学之规模又都超过宋代,使得建阳人才辈出,明代有 72 人在乡试中举,其中 11 人通过殿试登进士第,并有 1 人中状元。更重要的是,由此形成的尊师重教之风绵远流长,泽被今日。

但是纲常礼教被权力利用后的泛化与极化,也造成十分严重的负面效果。宋明以后,儒学的个人修养与政治教化两种社会功能的一致化,使得许多本来属于伦理修养层面的问题与政治制度层面的问题纠缠在一起而分割不清。而且由于伦理修养层面是直接为政治制度层面服务的,常常使得本来建立在自觉原则上的规范,变为强制人们接受的律条。而这种以"天理"、"良心"来规范的律条,有时比之明文规定的律条更为严厉。元代以来,更是漠视朱熹"人欲中自有天理"的一面,强化"天理人欲,不容并立"一面,极力宣扬"革尽人欲","复尽天理",使之成为强化政治专制和文化专制的工具,扼杀人性与个性,尤其是对妇女限制与歧视,对其身心都造成了巨大摧残。闽南一带,为限制妇女出行,外出要花巾兜面,名为"文公兜";莲鞋底下添木头使之步履有声,称"木头屐"。据《福建通志》记载:就闽南 12 个县的不完全统计,明清两朝未婚妻守节、为亡夫殉节等,明代有 307 人,清代 632 人。其中受朱熹影响最深的同安、晋江、尤溪三县,在明代占 201 人,清代占 458 人。晋江城廓的旌表贞节牌坊,触目皆是,有的两牌坊间仅距三尺。朱熹故里江西婺源,节烈、节妇、节孝等牌坊计有107处,县城有一座道光十八年竖的"孝贞节烈总坊",记有宋以来2656人,至光绪四年,计有7100余人。故而清人戴震痛言理学是"以理杀人",他认为统治者利用性理学之"天理"、"良心"来置人于死地,它比之用明文规定的"法"来杀人更为利害,且无处可以申辩,"人死于法,犹有怜之者;死于理,其谁怜之"。

(六)《四书集注》的海外传播与影响

日本早在中国的唐王朝时期就开始派出留学生系统学习中国文化与思想,此后日本官方与民间到中国学习蔚然成风、绵延不绝。日本镰仓幕府时期,京都泉涌寺开山大师俊芿率弟子到宋朝留学12年,带回朱熹的《四书集注》。随后,日本临济宗祖师圆尔也留宋六年,系统学习了朱子之学,回国后主张理学与佛学结合。德川幕府时代,日本奉儒学为圣教,将朱子学作为官学,使儒学成为占统治地位的意识形态,朱子学的影响在日本达到鼎盛。明治维新之后,许多日本思想家为了解决资本主义带来的各种社会问题,继续潜心研究朱子学,以寻找实现"道德之教"的良药。1890年,日本天皇公布了《教育敕语》,确立了以儒家道德思想为主要内容的国民道德教育方针,标志着朱子学在日本已逐渐融入其国家意识形态。

朝鲜半岛与中国相邻,受中国儒学影响很深,长期通用汉字,沿用中国的政治体制。中国元朝恢复科举制度的40年间,朝鲜高丽王朝的学者也赴元都参加考试,以优异成绩登第者数十人,后来高丽王朝也仿效元朝实行科举制度,把朱熹的《四书集注》作为测试依据之一。1289年高丽学者安珦在元大都得到《朱子大全》和《四书集注》,归国后即在太学讲授朱子学,此后他的弟子们一直在朝鲜半岛传播朱子学。1392年朝鲜李氏王朝建立,把朱子学尊为国学,使之成为官方正宗思想,国家教育体系中要求以四书、五经、诸史为学习内容,不准读老庄、佛经。这一时期也出现了一大批朱子学的著名人物,如李穑、郑梦周、郑道传、权近等。16世纪时,朝鲜半岛著名思想家李退溪继承、发展朱子学,建构了一个规模宏大的思想体系——"退溪学",对朝鲜思想与社会都产生了巨大影响,被称为"朝鲜精神之父"。

位于中国南方的越南也受中国文化影响深远,1226年陈朝建立伊始即实行科举选官制度,并创立国学院,诏天下儒士讲四书、六经。早期朱子学的代表人物朱文安曾撰著《四书说约》,被誉为越南朱子学的一代宗师。此后朱子学在越南思想与社会起主导作用达600年之久。

其余如新加坡、马来西亚、泰国、印尼等东南亚各国都有《四书集注》与朱子学的传播。

西方人知道朱熹是从16世纪开始的。西方传教士利玛窦(1552—1610年,意大利人,1583年来中国)、龙华民(1559—1654年,意大利人,1597年来中国)、白晋(1656—1730年,法国人,1687年来中国)等相继从中国带回大量儒家经典,其中就有朱熹的著作。利玛窦还把朱熹注的四书翻译成拉丁文。龙华民撰著《论中国人的宗教》,大量引用四书、《性理大全》等书中的篇章,将太极、理、气、心、性等范畴与西方的上帝、灵魂、实体等概念相比较,得出中国哲学是无神论的结论。德国哲学家莱布尼茨通过白晋等了解到中国哲学后,几乎一直在研究中国哲学,读了龙华民的《中国人的宗教》后,撰写《致德雷蒙先生的信:论中国哲学》,专门阐述了他对朱熹理气论的理解。他写道:"中国作者给予神的不仅是力量或主动性,而且还有智慧,因为神让人畏惧、崇敬。把气——即稀薄的物体——看作是神的载物体。……鬼神只不过是气、物质。""我认为(总的来说),他们古代圣贤的意图是尊敬理或至上的理性。理及其作用到处可见,有时直接在粗笨的物体中,理在这些物体中是这些物体的创造者;有时表现为理本身的使者即下级鬼神,有德性的灵魂就结合在鬼神之上"。

莱布尼茨自己所创立的是以"前定和谐"为特点的"单子论",指精神性的实体"单子"具有能动性,单子跟单子之间按自己"前定"的本性发展,而万物之间就自然彼此合拍与"和谐",仿佛彼此互相作用或互相影响似的,整个世界的单子就是这样普遍联系、相互协调一致而达到动态平衡,这就是所谓的"前定和谐"。这跟朱熹对"理"、"气"和"太极"的描写具有惊人的相似性。所以李约瑟博士认为:

> 中国最伟大的思想家朱熹(12世纪)曾建立起一个比欧洲任何思想都较接近于有机哲学的哲学体系;他(莱布尼茨)的"预先建立的"和谐说在那些熟谙中国宇宙观的人,便觉得不陌生。万物之间,皆不相互施行作用,它们只在一个和谐的意志下共同活动。此种思想对中国人已不是什么新观念……

李约瑟博士据此作出一个推断:

> 朱熹理学作为一种有机主义的哲学,它很可能通过莱布尼茨传入西方,而成为西方有机主义形成的重要材料,这也表明马克思、恩格斯的辩证唯物主义和怀特海的有机主义与朱熹理学有着密切联系。

李约瑟先生的观点只是一家之言,但中西方哲学的交流却是毋庸置疑的,这种交流中也凸显了中西方哲学的巨大差异。中国哲学与西方哲学一个很大的不同在于,没有上帝与尘世、本体与现象、主体与客体等绝对二分的框架,不大看重对外在世界与主体认识能力的研究,也缺乏形式概念的分析和客观的知识系统与理论的建构;而是以"天人合一"为基本思维模式,贯通天理与人道,重视的是对生命意义与人生价值的追寻,着力于具体的修养来实现一个理想境界。如中国哲人冯友兰先生所言:

> 中国哲学的传统,它的功用不在于增加积极的知识,而在于提高精神境界——达到超乎现世的境界,获得高于道德价值的价值。

朱熹哲学也是如此,他的《四书集注》给予现代世界的也许不是知识,但是对于道德修养、心灵安顿、精神提升仍具有深刻的启示意义。

六 《四书集注》精华语段选读

(一) 论理气

【原文】然物之终始,莫非阴阳合散之所为,是其为物之体,而物所不能遗也。(《中庸章句》)

【原文】诚者,真实无妄之谓。(《中庸章句》)

【原文】天地之道,可一言而尽,不过曰诚而已。(《中庸章句》)

【原文】天覆地载,万物并育于其间而不相害;四时日月,错行代明而不相悖。所以不害不悖者,小德之川流;所以并育并行者,大德之敦化。小德者,全体之分;大德者,万殊之本。川流者,如川之流,脉络分明而往不息也。敦化者,敦厚其化,根本盛大而出无穷也。(《中庸章句》)

【原文】天下之物,皆实理之所为,故必得是理,然后有是物。所得之理既尽,则是物亦尽而无有矣。故人之心一有不实,则虽有所为亦如无有,而君子必以诚为贵也。盖人之心能无不实,乃为有以自成,而道之在我者亦无不行矣。(《中庸章句》)

【原文】天命,即天道之流行而赋于物者,乃事物所以当然之故也。(《论语集注》)

【原文】天,即理也;其尊无对,非奥灶之可比也。逆理,则获罪于天矣……言当顺理。(《论语集注》)

【原文】道者,事物当然之理。(《论语集注》)

【原文】盖至诚无息者,道之体也,万殊之所以一本也;万物各得其所者,道之用也,一本之所以万殊也。(《论语集注》)

【原文】性者,人所受之天理;天道者,天理自然之本体,其实一理也。(《论语集注》)

【原文】天地之化,往者过,来者续,无一息之停,乃道体之本然也。(《论语集注》)

【原文】命禀于有生之初,非今所能移;天莫之为而为,非我所能必,但当顺受而已。(《论语集注》)

【原文】德,谓义理之得于己者。非己有之,不能知其意味之实也。(《论语集注》)

【原文】人外无道,道外无人。然人心有觉,而道体无为;故人能大其道,道不能大其人也。(《论语集注》)

【原文】天命者,天所赋之正理也。知其可畏,则其戒谨恐惧,自有不能已者。而付畀之重,可以不失矣。大人圣言,皆天命所当畏。知畏天命,则不得不畏之矣。(《论语集注》)

【原文】四时行,百物生,莫非天理发见流行之实,不待言而可见。圣人一动一静,莫非妙道精义之发,亦天而已,岂待言而显哉?(《论语集注》)

【原文】天者,理而已矣。大之字小,小之事大,皆理之当然也。自然合理,故曰乐天。不敢违理,故曰畏天。包含遍覆,无不周遍,保

天下之气象也。制节谨度,不敢纵逸,保一国之规模也。(《孟子集注》)

【原文】盖钟鼓、苑囿、游观之乐,与夫好勇、好货、好色之心,皆天理之所有,而人情之所不能无者。然天理人欲,同行异情。循理而公于天下者,圣贤之所以尽其性也;纵欲而私于一己者,众人之所以灭其天也。二者之间,不能以发,而其是非得失之归,相去远矣。故孟子因时君之问,而剖析于几微之际,皆所以遏人欲而存天理。其法似疏而实密,其事似易而实难。(《孟子集注》)

【原文】天理人欲,不容并立。(《孟子集注》)

【原文】诚者,理之在我者皆实而无伪,天道之本然也;思诚者,欲此理之在我者皆实而无伪,人道之当然也。(《孟子集注》)

【原文】盖以理言之谓之天,自人言之谓之命,其实则一而已。(《孟子集注》)

(二) 论心性

【原文】盖自天降生民,则既莫不与之以仁义礼智之性矣。然其气质之秉或不能齐,是以不能皆有以知其性之所有而全之也。一有聪明睿智能尽其性者出于其间,则天命之以为亿兆之君师,使之治而教之,以复其性。(《大学章句序》)

【原文】明德者,人之所得乎天,而虚灵不昧,以具众理而应万事者也。但为气禀所拘,人欲所蔽,则有时而昏;然其本体之明,则有未尝息者。故学者当因其所发而遂明之,以复其初也。新者,革其旧之谓也,言既自明其明德,又当推以及人,使之亦有以去其旧染之污也。止者,必至于是而不迁之意。至善,则事理当然之极也。言明明德、

新民,皆当至于至善之地而不迁。盖必其有以尽夫天理之极,而无一毫人欲之私也。此三者,大学之纲领也。(《大学章句》)

【原文】明明德于天下者,使天下之人皆有以明其明德也。心者,身之所主也。诚,实也。意者,心之所发也。实其心之所发,欲其一于善而无自欺也。致,推极也。知,犹识也。推极吾之知识,欲其所知无不尽也。格,至也。物,犹事也。穷至事物之理,欲其极处无不到也。(《大学章句》)

【原文】好善而恶恶,人之性也;至于拂人之性,则不仁之甚者也。(《大学章句》)

【原文】中者,不偏不倚、无过不及之名。庸,平常也。(《中庸章句》)

【原文】心之虚灵知觉,一而已矣,而以为有人心、道心之异者,则以其或生于形气之私,或原于性命之正,而所以为知觉者不同,是以或危殆而不安,或微妙而难见耳。然人莫不有是形,故虽上智不能无人心,亦莫不有是性,故虽下愚不能无道心。二者杂于方寸之间,而不知所以治之,则危者愈危,微者愈微,而天理之公卒无以胜夫人欲之私矣。精则察夫二者之间而不杂也,一则守其本心之正而不离也。从事于斯,无少闲断,必使道心常为一身之主,而人心每听命焉,则危者安、微者着,而动静云为自无过不及之差矣。(《中庸章句》)

【原文】性,即理也。天以阴阳五行化生万物,气以成形,而理亦赋焉,犹命令也。于是人物之生,因各得其所赋之理,以为健顺五常之德,所谓性也。率,循也。道,犹路也。人物各循其性之自然,则其日用事物之间,莫不各有当行之路,是则所谓道也。修,品节之也。性道虽同,而气禀或异,故不能无过不及之差,圣人因人物之所当行者而品节之,以为法于天下,则谓之教,若礼、乐、刑、政之属是也。盖人之所以为人,道之所以为道,圣人之所以为教,原其所自,无一不本于天而备于我。(《中庸章句》)

【原文】喜、怒、哀、乐,情也。其未发,则性也,无所偏倚,故谓之中。发皆中节,情之正也,无所乖戾,故谓之和。大本者,天命之性,天下之理皆由此出,道之体也。达道者,循性之谓,天下古今之所共由,道之用也。此言性情之德,以明道不可离之意。(《中庸章句》)

【原文】盖天地万物本吾一体,吾之心正,则天地之心亦正矣,吾之气顺,则天地之气亦顺矣。(《中庸章句》)

【原文】德性者,吾所受于天之正理。(《中庸章句》)

【原文】人性皆善,而觉有先后,后觉者必效先觉之所为,乃可以明善而复其初也。(《论语集注》)

【原文】圣人之心,浑然一理,而泛应曲当,用各不同。(《论语集注》)

【原文】义者,天理之所宜。利者,人情之所欲。(《论语集注》)

【原文】天地储精,得五行之秀者为人。其本也真而静。其未发也五性具焉,曰仁、义、礼、智、信。形既生矣,外物触其形而动于中矣。其中动而七情出焉,曰喜、怒、哀、惧、爱、恶、欲。情既炽而益荡,其性凿矣。故学者约其情使合于中,正其心,养其性而已。然必先明诸心,知所往,然后力行以求至焉。(《论语集注》)

【原文】父子相隐,天理人情之至也。故不求为直,而直在其中。(《论语集注》)

【原文】人性皆善,而其类有善恶之殊者,气习之染也。故君子

有教,则人皆可以复于善,而不当复论其类之恶矣。(《论语集注》)

【原文】此所谓性,兼气质而言者也。气质之性,固有美恶之不同矣。然以其初而言,则皆不甚相远也。但习于善则善,习于恶则恶,于是始相远耳。(《论语集注》)

【原文】盖天地之性,人为贵。故人之与人,又为同类而相亲。是以恻隐之发,则于民切而于物缓;推广仁术,则仁民易而爱物难。盖天地之性,人为贵。故人之与人,又为同类而相亲。是以恻隐之发,则于民切而于物缓;推广仁术,则仁民易而爱物难。(《孟子集注》)

【原文】天地以生物为心,而所生之物因各得夫天地生物之心以为心,所以人皆有不忍人之心也。言众人虽有不忍人之心,然物欲害之,存焉者寡,故不能察识而推之政事之间;惟圣人全体此心,随感而应,故其所行无非不忍人之政也。(《孟子集注》)

【原文】恻隐、羞恶、辞让、是非,情也。仁、义、礼、智,性也。心,统性情者也。端,绪也。因其情之发,而性之本然可得而见,犹有物在中而绪见于外也。(《孟子集注》)

【原文】仁、义、礼、智,皆天所与之良贵。而仁者天地生物之心,得之最先,而兼统四者,所谓元者善之长也,故曰尊爵。在人则为本心全体之德,有天理自然之安,无人欲陷溺之危。人当常在其中,而不可须臾离者也,故曰安宅。(《孟子集注》)

【原文】性者,人所禀于天以生之理也,浑然至善,未尝有恶。人与尧舜初无少异,但众人汩于私欲而失之,尧舜则无私欲之蔽,而能充其性尔。故孟子与世子言,每道性善,而必称尧舜以实之。欲其知仁义不假外求,圣人可学而至,而不懈于用力也。(《孟子集注》)

【原文】人之有道,言其皆有秉彝之性也。然无教则亦放逸怠惰而失之,故圣人设官而教以人伦,亦因其固有者而道之耳。(《孟子集注》)

【原文】人物之生,同得天地之理以为性,同得天地之气以为形;其不同者,独人于其间得形气之正,而能有以全其性,为少异耳。虽曰少异,然人物之所以分,实在于此。众人不知此而去之,则名虽为人,而实无以异于禽兽。君子知此而存之,是以战兢惕厉,而卒能有以全其所受之理也。(《孟子集注》)

【原文】性者,人物所得以生之理也。(《孟子集注》)

【原文】故天下之言性者,但言其故而理自明,犹所谓善言天者必有验于人也。然其所谓故者,又必本其自然之势。(《孟子集注》)

【原文】愚谓事物之理,莫非自然。顺而循之,则为大智。若用小智而凿以自私,则害于性而反为不智。(《孟子集注》)

【原文】性者,人生所秉之天理也。(《孟子集注》)

【原文】生,指人物之所以知觉运动者而言。(《孟子集注》)

【原文】性者,人之所得于天之理也;生者,人之所得于天之气也。性,形而上者也;气,形而下者也。人物之生,莫不有是性,亦莫不有是气。然以气言之,则知觉运动,人与物若不异也;以理言之,则仁义礼智之?岂物之所得而全哉?此人之性所以无不善,而为万物之灵也。(《孟子集注》)

【原文】情者,性之动也。人之情,本但可以为善而不可以为恶,则性之本善可知矣。(《孟子集注》)

【原文】有物必有法:如有耳目,则有聪明之德;有父子,则有慈

孝之心，是民所秉执之常性也，故人之情无不好此懿德者。(《孟子集注》)

【原文】 盖气质所禀虽有不善，而不害性之本善；性虽本善，而不可以无省察矫揉之功。(《孟子集注》)

【原文】 良心者，本然之善心，即所谓仁义之心也。(《孟子集注》)

【原文】 欲生恶死者，虽众人利害之常情；而欲恶有甚于生死者，乃秉彝义理之良心，是以欲生而不为苟得，恶死而有所不避也。(《孟子集注》)

【原文】 心则能思，而以思为职。凡事物之来，心得其职，则得其理，而物不能蔽；失其职，则不得其理，而物来蔽之。此三者，皆天之所以与我者，而心为大。若能有以立之，则事无不思，而耳目之欲不能夺之矣，此所以为大人也。(《孟子集注》)

【原文】 心者，人之神明，所以具众理而应万事者也。性则心之所具之理，而天又理之所从以出者也。人有是心，莫非全体，然不穷理，则有所蔽而无以尽乎此心之量。故能极其心之全体而无不尽者，必其能穷夫理而无不知者也。既知其理，则其所从出。亦不外是矣。以大学之序言之，知性则物格之谓，尽心则知至之谓也。……愚谓尽心知性而知天，所以造其理也；存心养性以事天，所以履其事也。不知其理，固不能履其事；然徒造其理而不履其事，则亦无以有诸己矣。知天而不以殀寿贰其心，智之尽也；事天而能修身以俟死，仁之至也。智有不尽，固不知所以为仁；然智而不仁，则亦将流荡不法，而不足以为智矣。(《孟子集注》)

【原文】 人物之生，吉凶祸福，皆天所命。然惟莫之致而至者，乃为正命,故君子修身以俟之,所以顺受乎此也。……知正命,则不处危地以取覆压之祸。尽其道,则所值之吉凶,皆莫之致而至者矣。(《孟子集注》)

【原文】大则君臣父子,小则事物细微,其当然之理,无一不具于性分之内也。(《孟子集注》)

【原文】盖圣人之心,至虚至明,浑然之中,万理毕具。一有感触,则其应甚速,而无所不通。(《孟子集注》)

【原文】仁义礼智,性之四德也。……盖气禀清明,无物欲之累,则性之四德根本于心,其积之盛,则发而着见于外者,不待言而无不顺也。(《孟子集注》)

【原文】人之有形有色,无不各有自然之理,所谓天性也。……盖众人有是形,而不能尽其理,故无以践其形;惟圣人有是形,而又能尽其理,然后可以践其形而无歉也。(《孟子集注》)

【原文】天下之理,其善者必可欲,其恶者必可恶。其为人也,可欲而不可恶,则可谓善人矣。(《孟子集注》)

【原文】性者,得全于天,无所污坏,不假修为,圣之至也。反之者,修为以复其性,而至于圣人也。(《孟子集注》)

(三) 论仁

【原文】仁者,天地生物之心,而人得以生者,所谓元者善之长也。(《中庸章句》)

【原文】(释"仁者人也")人,指人身而言。具此生理,自然便有恻怛慈爱之意,深体味之可见。(《中庸章句》)

【原文】仁者,爱之理,心之德也。(《论语集注》)

【原文】仁者,心之德。心不违仁者,无私欲而有其德也。(《论语集注》)

【原文】以己及人,仁者之心也。(《论语集注》)

【原文】道,则人伦日用之间所当行者是也。……德者,得也,得其道于心而不失之谓也。……仁,则私欲尽去而心德之全也。……志道,则心存于正而不他;据德,则道得于心而不失;依仁,则德性常用而物欲不行;游艺,则小物不遗而动息有养。(《论语集注》)

【原文】仁者,心之德,非在外也。放而不求,故有以为远者;反而求之,则即此而在矣,夫岂远哉?(《论语集注》)

【原文】圣者,大而化之。仁,则心德之全而人道之备也。为之,谓为仁圣之道。(《论语集注》)

【原文】仁者,人心之全德,而必欲以身体而力行之,可谓重矣。一息尚存,此志不容少懈,可谓远矣。(《论语集注》)

【原文】仁者,本心之全德。……礼者,天理之节文也。为仁者,所以全其心之德也。盖心之全德,莫非天理,而亦不能不坏于人欲。故为仁者必有以胜私欲而复于礼,则事皆天理,而本心之德复全于我矣。……又言一日克己复礼,则天下之人皆与其仁,极言其效之甚速而至大也。又言为仁由己而非他人所能预,又见其机之在我而无难也。日日克之,不以为难,则私欲净尽,天理流行,而仁不可胜用矣。(《论语集注》)

【原文】仁者心存而不放,故其言若有所忍而不易发,盖其德之一端也。(《论语集注》)

【原文】仁者,心无私累,见义必为。勇者,或血气之强而已。(《论语集注》)

【原文】当仁,以仁为己任也。虽师亦无所逊,言当勇往而必为也。盖仁者,人所自有而自为之,非有争也,何逊之有?(《论语集注》)

【原文】仁者,心之德、爱之理。义者,心之制、事之宜也。(《孟子集注》)

【原文】仁义根于人心之固有,天理之公也。利心生于物我之相形,人欲之私也。循天理,则不求利而自无不利;殉人欲,则求利未得而害已随之。所谓毫厘之差,千里之缪。(《孟子集注》)

【原文】仁心,爱人之心也。(《孟子集注》)

【原文】仁者,有仁心仁闻而能扩而充之,以行先王之道者也。(《孟子集注》)

【原文】仁主于爱,而爱莫切于事亲;义主于敬,而敬莫先于从兄。故仁义之道,其用至广,而其实不越于事亲从兄之间。盖良心之发,最为切近而精实者。有子以孝弟为为仁之本,其意亦犹此也。(《孟子集注》)

【原文】是以天下之为子者,知天下无不可事之亲,顾吾所以事之者未若舜耳。于是莫不勉而为孝,至于其亲亦厎豫焉,则天下之为父者,亦莫不慈,所谓化也。子孝父慈,各止其所,而无不安其位之意,所谓定也。为法于天下,可传于后世,非止一身一家之孝而已,此所以为大孝也。(《孟子集注》)

【原文】亲亲之心,仁之发也。(《孟子集注》)

【原文】亲亲敬长,虽一人之私,然达之天下无不同者,所以为仁义也。(《孟子集注》)

【原文】知者固无不知,然常以所当务者为急,则事无不治,而其为知也大矣;仁者固无不爱,然常急于亲贤,则恩无不洽,而其为仁也博矣。(《孟子集注》)

【原文】亲亲而仁民,仁民而爱物,所谓以其所爱及其所不爱也。(《孟子集注》)

【原文】仁者,人之所以为人之理也。然仁,理也;人,物也。以仁之理,合于人之身而言之,乃所谓道者也。(《孟子集注》)

(四) 论君子

【原文】君子,以位言之。道,谓居其位而修己治人之术。发己自尽为忠,循物无违谓信。(《大学章句》)

【原文】君子之所以为中庸者,以其有君子之德,而又能随时以处中也。小人之所以反中庸者,以其有小人之心,而又无所忌惮也。盖中无定体,随时而在,是乃平常之理也。君子知其在我,故能戒谨不睹、恐惧不闻,而无时不中。小人不知有此,则肆欲妄行,而无所忌惮矣。(《中庸章句》)

【原文】君子之道,近自夫妇居室之间,远而至于圣人天地之所不能尽,其大无外,其小无内,可谓费矣。然其理之所以然,则隐而莫之见也。盖可知可能者,道中之一事,及其至而圣人不知不能。则举全体而言,圣人固有所不能尽也。(《中庸章句》)

【原文】故君子之治人也,即以其人之道,还治其人之身。其人能改,即止不治。盖责之以其所能知能行,非欲其远人以为道也。(《中庸章句》)

【原文】君子小人所为不同,如阴阳昼夜,每每相反。然究其所

以分,则在公私之际,毫厘之差耳。(《论语集注》)

【原文】圣人,神明不测之号。君子,才德出众之名。(《论语集注》)

【原文】人之德性本无不备,而气质所赋,鲜有不偏,惟圣人全体浑然,阴阳合德,故其中和之气见于容貌之间者如此。(《论语集注》)

【原文】君子之心公而恕,小人之心私而刻。天理人欲之间,每相反而已矣。(《论语集注》)

【原文】君子循理,故安舒而不矜肆。小人逞欲,故反是。(《论语集注》)

【原文】君子循天理,故日进乎高明;小人殉人欲,故日究乎污下。(《论语集注》)

【原文】圣人心同天地,视天下犹一家,中国犹一人,不能一日忘也。(《论语集注》)

【原文】恒产,可常生之业也。恒心,人所常有之善心也。士尝学问,知义理,故虽无常产而有常心。民则不能然矣。(《孟子集注》)

【原文】仁人之心,宽洪恻怛,而无较计大小强弱之私。(《孟子集注》)

【原文】大人言行,不先期于信果,但义之所在,则必从之,卒亦未尝不信果也。(《孟子集注》)

【原文】大人之心,通达万变;赤子之心,则纯一无伪而已。然大人之所以为大人,正以其不为物诱,而有以全其纯一无伪之本然。是以扩而充之,则无所不知,无所不能,而极其大也。(《孟子集注》)

【原文】仁者心之德,程子所谓心如谷种,仁则其生之性,是也。

然但谓之仁,则人不知其切于己,故反而名之曰人心,则可以见其为此身酬酢万变之主,而不可须臾失矣。义者行事之宜,谓之人路,则可以见其为出入往来必由之道,而不可须臾舍矣。(《孟子集注》)

(五) 论修养

【原文】道者,日用事物当行之理,皆性之德而具于心,无物不有,无时不然,所以不可须臾离也。若其可离,则为外物而非道矣。是以君子之心常存敬畏,虽不见闻,亦不敢忽,所以存天理之本然,而不使离于须臾之顷也。(《中庸章句》)

【原文】独者,人所不知而己所独知之地也。言幽暗之中,细微之事,迹虽未形而几则已动,人虽不知而己独知之,则是天下之事无有着见明显而过于此者。是以君子既常戒惧,而于此尤加谨焉,所以遏人欲于将萌,而不使其滋长于隐微之中,以至离道之远也。(《中庸章句》)

【原文】中庸者,不偏不倚、无过不及,而平常之理,乃天命所当然,精微之极致也。惟君子为能体之,小人反是。(《中庸章句》)

【原文】道者,天理之当然,中而已矣。知愚贤不肖之过不及,则生禀之异而失其中也。知者知之过,既以道为不足行;愚者不及知,又不知所以行,此道之所以常不行也。贤者行之过,既以道为不足知;不肖者不及行,又不求所以知,此道之所以常不明也。……道不可离,人自不察,是以有过不及之弊。(《中庸章句》)

【原文】盖凡物皆有两端,如小大厚薄之类,于善之中又执其两端,而量度以取中,然后用之,则其择之审而行之至矣。(《中庸章句》)

【原文】不为索隐行怪,则依乎中庸而已。不能半涂而废,是以遁世不见知而不悔也。此中庸之成德,知之尽、仁之至、不赖勇而裕如者,正吾夫子之事,而犹不自居也。故曰唯圣者能之而已。(《中庸章句》)

【原文】道者,率性而已,固众人之所能知能行者也,故常不远于人。若为道者,厌其卑近以为不足为,而反务为高远难行之事,则非所以为道矣。(《中庸章句》)

【原文】尽己之心为忠,推己及人为恕。……道,即其不远人者是也。施诸己而不愿亦勿施于人,忠恕之事也。以己之心度人之心,未尝不同,则道之不远于人者可见。故己之所不欲,则勿以施之于人,亦不远人以为道之事。(《中庸章句》)

【原文】道不远人,凡己之所以责人者,皆道之所当然也,故反之以自责而自修焉。(《中庸章句》)

【原文】达道者,天下古今所共由之路,即书所谓五典,孟子所谓"父子有亲、君臣有义、夫妇有别、长幼有序、朋友有信"是也。知,所以知此也;仁,所以体此也;勇,所以强此也;谓之达德者,天下古今所同得之理也。一则诚而已矣。达道虽人所共由,然无是三德,则无以行之;达德虽人所同得,然一有不诚,则人欲间之,而德非其德矣。(《中庸章句》)

【原文】盖人性虽无不善,而气禀有不同者,故闻道有蚤莫,行道有难易,然能自强不息,则其至一也。(《中庸章句》)

【原文】反诸身不诚,谓反求诸身而所存所发,未能真实而无妄也。不明乎善,谓未能察于人心天命之本然,而真知至善之所在也。(《中庸章句》)

【原文】诚者,真实无妄之谓,天理之本然也。诚之者,未能真实无妄,而欲其真实无妄之谓,人事之当然也。圣人之德,浑然天理,真实无妄,不待思勉而从容中道,则亦天之道也。未至于圣,则不能无人欲之私,而其为德不能皆实。故未能不思而得,则必择善,然后可以明善;未能不勉而中,则必固执,然后可以诚身,此则所谓人之道也。(《中庸章句》)

【原文】德无不实而明无不照者,圣人之德。所性而有者也,天道也。先明乎善,而后能实其善者,贤人之学。由教而入者也,人道也。诚则无不明矣,明则可以至于诚矣。(《中庸章句》)

【原文】天下至诚,谓圣人之德之实,天下莫能加也。尽其性者德无不实,故无人欲之私,而天命之在我者,察之由之,巨细精粗,无毫发之不尽也。人物之性,亦我之性,但以所赋形气不同而有异耳。能尽之者,谓知之无不明而处之无不当也。(《中庸章句》)

【原文】盖人之性无不同,而气则有异,故惟圣人能举其性之全体而尽之。其次则必自其善端发见之偏,而悉推致之,以各造其极也。(《中庸章句》)

【原文】尊德性,所以存心而极乎道体之大也。道问学,所以致知而尽乎道体之细也。二者修德凝道之大端也。不以一毫私意自蔽,不以一毫私欲自累,涵泳乎其所已知。敦笃乎其所已能,此皆存心之属也。析理则不使有毫厘之差,处事则不使有过不及之谬,理义则日知其所未知,节文则日谨其所未谨,此皆致知之属也。盖非存心无以致知,而存心者又不可以不致知。(《中庸章句》)

【原文】惟圣人之德极诚无妄,故于人伦各尽其当然之实,而皆可以为天下后世法,所谓经纶之也。其于所性之全体,无一毫人欲之伪以杂之，而天下之道千变万化皆由此出，所谓立之也。其于天地之化育，则亦其极诚无妄者有默契焉，非但闻见之知而已。此皆至诚无妄，自然之功用，夫岂有所倚着于物而后能哉。（《中庸章句》）

【原文】敬者，主一无适之谓。（《论语集注》）

【原文】礼者，天理之节文，人事之仪则也。和者，从容不迫之意。盖礼之为体虽严，而皆出于自然之理，故其为用，必从容而不迫，乃为可贵。（《论语集注》）

【原文】居上主于爱人，故以宽为本。为礼以敬为本，临丧以哀为本。（《论语集注》）

【原文】不仁之人，失其本心，久约必滥，久乐必淫。惟仁者则安其仁而无适不然，知者则利于仁而不易所守，盖虽深浅之不同，然皆非外物所能夺矣。（《论语集注》）

【原文】盖无私心，然后好恶当于理，程子所谓"得其公正"是也。（《论语集注》）

【原文】志者，心之所之也。其心诚在于仁，则必无为恶之事矣。（《论语集注》）

【原文】盖为仁在己，欲之则是，而志之所至，气必至焉。故仁虽难能，而至之亦易也。（《论语集注》）

【原文】尽己之谓忠，推己之谓恕。而已矣者，竭尽而无余之辞也。夫子之一理浑然而泛应曲当，譬则天地之至诚无息，而万物各得其所也。自此之外，固无余法，而亦无待于推矣。（《论语集注》）

【原文】程子曰："颜子之乐，非乐箪瓢陋巷也，不以贫窭累其心而改其所乐也，故夫子称其贤。"（《论语集注》）

【原文】圣人之心,浑然天理,虽处困极,而乐亦无不在焉。其视不义之富贵,如浮云之无有,漠然无所动于其中也。(《论语集注》)

【原文】生而知之者,气质清明,义理昭著,不待学而知也。(《论语集注》)

【原文】礼以恭敬辞逊为本,而有节文度数之详,可以固人肌肤之会,筋骸之束。(《论语集注》)

【原文】道以中庸为至。贤知之过,虽若胜于愚不肖之不及,然其失中则一也。(《论语集注》)

【原文】曾点之学,盖有以见夫人欲尽处,天理流行,随处充满,无少欠阙。故其动静之际,从容如此。而其言志,则又不过即其所居之位,乐其日用之常,初无舍己为人之意。而其胸次悠然,直与天地万物上下同流,各得其所之妙,隐然自见于言外。(《论语集注》)

【原文】敬以持己,恕以及物,则私意无所容而心德全矣。(《论语集注》)

【原文】内主忠信。而所行合宜,审于接物而卑以自牧,皆自修于内,不求人知之事。然德修于己而人信之,则所行自无窒碍矣。(《论语集注》)

【原文】人之大伦有五:父子有亲,君臣有义,夫妇有别,长幼有序,朋友有信是也。仕所以行君臣之义,故虽知道之不行而不可废。(《论语集注》)

【原文】仕与学理同而事异,故当其事者,必先有以尽其事,而后可及其余。然仕而学,则所以资其仕者益深;学而仕,则所以验其学者益广。(《论语集注》)

【原文】人固当敬守其志,然亦不可不致养其气。盖其内外本末,交相培养。(《孟子集注》)

【原文】知言者,尽心知性,于凡天下之言,无不有以究极其理,而识其是非得失之所以然也。浩然,盛大流行之貌。气,即所谓体之充者。本自浩然,失养故馁,惟孟子为善养之以复其初也。盖惟知言,则有以明夫道义,而于天下之事无所疑;养气,则有以配夫道义,而于天下之事无所惧,此其所以当大任而不动心也。(《孟子集注》)

【原文】由仁义行,非行仁义,则仁义已根于心,而所行皆从此出。非以仁义为美,而后勉强行之,所谓安而行之也。(《孟子集注》)

【原文】学问之事,固非一端,然其道则在于求其放心而已。(《孟子集注》)

【原文】仁之能胜不仁,必然之理也。但为之不力,则无以胜不仁,而人遂以为真不能胜,是我之所为有以深助于不仁者也。(《孟子集注》)

【原文】是以为仁必贵乎熟,而不可徒恃其种之美,又不可以仁之难熟,而甘为他道之有成也。(《孟子集注》)

【原文】执中而无权,则胶于一定之中而不知变,是亦执一而已矣。……道之所贵者中,中之所贵者权。(《孟子集注》)

(六)论治国

【原文】君子宁亡己之财,而不忍伤民之力;故宁有盗臣,而不畜聚敛之臣。(《大学章句》)

【原文】人君为政在于得人,而取人之则又在修身。能修其身,则有君有臣,而政无不举矣。(《中庸章句》)

【原文】为政在人,取人以身,故不可以不修身。修身以道,修道以仁,故思修身不可以不事亲。欲尽亲亲之仁,必由尊贤之义,故又当知人。亲亲之杀,尊贤之等,皆天理也,故又当知天。(《中庸章句》)

【原文】道立,谓道成于己而可为民表,所谓皇建其有极是也。不惑,谓不疑于理。不眩,谓不迷于事。敬大臣则信任专,而小臣不得以间之,故临事而不眩也。来百工则通功易事,农末相资,故财用足。柔远人,则天下之旅皆悦而愿出于其涂,故四方归。怀诸侯,则德之所施者博,而威之所制者广矣,故曰天下畏之。(《中庸章句》)

【原文】政之为言正也,所以正人之不正也。德之为言得也,得于心而不失也。……为政以德,则无为而天下归之。(《论语集注》)

【原文】愚谓政者,为治之具。刑者,辅治之法。德礼则所以出治之本,而德又礼之本也。此其相为终始,虽不可以偏废,然政刑能使民远罪而已,德礼之效,则有以使民日迁善而不自知。故治民者不可徒恃其末,又当深探其本也。(《论语集注》)

【原文】孝于亲,慈于众,则民忠于己。善者举之而不能者教之,则民有所劝而乐于为善。(《论语集注》)

【原文】言自处以敬,则中有主而自治严,如是而行简以临民,则事不烦而民不扰,所以为可。若先自处以简,则中无主而自治疏矣,而所行又简,岂不失之太简,而无法度之可守乎?(《论语集注》)

【原文】民富,则君不至独贫;民贫,则君不能独富。有若深言君民一体之意,以止公之厚敛,为人上者所宜深念也。(《论语集注》)

【原文】为政者,民所视效,何以杀为?欲善则民善矣。(《论语集注》)

【原文】庶而不富,则民生不遂,故制田里,薄赋敛以富之。富而不教,则近于禽兽。故必立学校,明礼义以教之。(《论语集注》)

【原文】上无失政,则下无私议。非箝其口使不敢言也。(《论语集注》)

【原文】君独乐而不恤其民,则民怨之而不能保其乐也。(《孟子集注》)

【原文】王道以得民心为本。(《孟子集注》)

【原文】王道之要,不过推其不忍之心,以行不忍之政而已。(《孟子集注》)

【原文】明人君当与民同乐,不可使人有不得者,非但当与贤者共之而已也。……乐民之乐而民乐其乐,则乐以天下矣;忧民之忧而民忧其忧,则忧以天下矣。(《孟子集注》)

【原文】治国家则殉私欲而不任贤,是爱国家不如爱玉也。(《孟子集注》)

【原文】君不仁而求富,是以有司知重敛而不知恤民。故君行仁政,则有司皆爱其民,而民亦爱之矣。(《孟子集注》)

【原文】天下者,天下之天下,非一人之私有故也。(《孟子集注》)

七 延伸阅读书目

1. 朱杰人、严佐之、刘永翔主编:《朱子全书》,上海古籍出版社、安徽教育出版社2002年版。

2. 钱穆:《朱子学提纲》,生活·读书·新知三联书店2002年版。

3. (美)杜维明著,段德智译:《〈中庸〉洞见》,人民出版社2008年版。

4. 陈荣捷:《朱熹》,台北:东大图书公司1980年版。

5. (英)卜道成著,谢晓东译:《朱熹和他的前辈们:朱熹与宋代新儒学导论》,厦门大学出版社2010年版。

6. (美)田浩:《朱熹的思维世界》,陕西师范大学出版社2002年版。

7. 龚鹏程:《儒学新思》,北京大学出版社2009年版。

8. 汤一介、李中华:《中国儒学史》,北京大学出版社2011年版。

9. 张立文:《朱熹评传》,南京大学出版社1998年版。

10. 楼宇烈:《温故知新——中国哲学研究论文集》,商务印书馆2004年版。

11. 蒙培元:《理学范畴系统》,人民出版社1989年版。

12. 高令印:《朱熹事迹考》,上海人民出版社1987年版。

13. 陈来:《朱子哲学研究》,华东师范大学出版社2000年版。

14. 蔡方鹿:《朱熹与中国文化》,贵州人民出版社 2000 年版。

15. 高令印、高秀华:《朱子学通论》,厦门大学出版社 2007 年版。

16. 束景南:《朱熹研究》,人民出版社 2008 年版。

17. 赖永海:《中国佛教文化论》,中国人民大学出版社 2007 年版。

18. 王月清、管国兴、暴庆刚:《中国哲学关键词》,南京大学出版社 2011 年版。

19. 王月清主编:《中国古代哲学经典》,江苏人民出版社 2014 年版。

20. 李承贵:《中国哲学与儒学》,凤凰出版社 2011 年版。

21. 中国人民政治协商会议福建省尤溪县文史资料委员会编:《朱熹研究资料专辑》,福建人民出版社 1990 年版。

22. 中国人民政治协商会议福建省尤溪县文史资料委员会编:《朱熹研究资料专辑续集》,福建人民出版社 1992 年版。

23. 福建省建阳市政协文史委员会编:《朱熹在建阳》1997 年版。

24. 林振礼:《朱熹与泉州文化》,福建人民出版社 1999 年版。

25. 颜立水:《朱熹在同安》,鹭江出版社 2008 年版。